김완하의
시 속의 시 읽기 1

김완하의
시 속의 시 읽기 1

맵씨터

김완하의
시 속의 시 읽기 1

1판 1쇄 발행 2014년 6월 15일
2판 1쇄 발행 2021년 4월 27일

엮고쓴이 | 김완하
펴 낸 이 | 김정희
펴 낸 곳 | 맵씨터
등 록 | 제2002-26호
주 소 | 서울시 성동구 아차산로49, 404호(성수동1가, 서울숲코오롱디지털타워3차)
전 화 | 02-464-7708
팩 스 | 02-499-0846
이 메 일 | hkm7708@hanmail.net
홈페이지 | http://hph.co.kr

ISBN 979-11-85923-30-7 03810
ISBN 979-11-85923-11-6 (세트)

자서

시를 사랑하는 마음

세계 속에서 한국의 위상은 날로 높아가고 있는 반면에 세계 OECD 국가 중에서 자살률이 1위라는 사실은 우리들로 하여금 경악을 금치 못하게 한다. 우리나라는 헝가리와 자살률에서 세계 1, 2위를 서로 다투고 있다고 한다. 요즈음 아침 뉴스마다 전해지는 자살과 살인 사건은 우리 한국의 미래를 매우 어둡게 하고 있다.

이러한 상황에서 시정신을 생각해본다. 우리의 불행은 시정신만이 그 대안이라는 판단이다. 후기 자본주의 사회, 자살률 1위라는 절망 앞에 그것을 넘어서기 위해서 우리에게는 무엇보다 시정신이 필요한 것이다. 시는 원천적으로 생명과 사랑의 가치를 간직하고 그 의미를 새겨주는 것이다. 그러기에 시를 사랑하는 마음은 곧 생명을 사랑하는 마음으로 직결된다. 우리가 시를 사랑하고 시를 많이 읽어야 하는 이유가 여기에 있다. 시에서는 자연의 아주 작은 부분도 생명의 한 핵심으로 받아들여진다. 그러므로 시의 출발은 곧 생명사랑으로 이어지는 것이다.

시정신은 21세기의 도구적 이성이나 도구적 세계관에 맞서 싸울 수 있는 정신이다. 그것은 인간의 존엄과 생명의 가치가 나락으로 추락하는 현실에서 다시 생명의 가치를 회복하고 존중하는 단계로 나아가는 대안인 것이다. 우리 사회가 시정신을 잘 간직하는 한 자살률 1위라는 비극적 현실에서 언제라도 벗어날 수 있는 것이다.

큰 의미의 시정신은 세계관이다. 그러므로 시정신은 시를 논하기 이전의 문제라고 할 수 있다. 세계관으로서의 시정신은 모든 사물을 생명과 사랑의 가치로 바라보고 교감하는 정신이다. 시정신은 인간의 영혼이 메마르지 않게 하며 언제라도 생명과 사랑의 소중함을 간직하게 하는 것이다. 작은 의미의 시정신은 시 안에 담겨 있는 시인의 정신이다. 그러므로 개별 작품에는 다양한 시정신이 담기는 것이다. 그리고 시인의 작품에 담긴 정신이 통합되어 그의 시정신을 형성하는 것이다.

시정신이란 생명 있는 것은 물론이거니와, 무생물에 대해서도 생명 이상의 가치와 정감을 지니고 대하는 자세, 이 세상의 모든 사물을 생명과 사랑으로 관계 맺으려는 마음을 말한다. 이러한 시정신을 가지고 살아갈 때 우리 사회는 세계에서 자살률 1위라는 오명을 벗어나 생명과 사랑의 기쁨으로 나아갈 수 있는 것이다.

여기에 수록한 시와 시 읽기는 지난 2년에 걸쳐서 매주마다 『대전일보』에 연재한 것을 모은 것이다. 앞서 발표한 것들을 중심으로 77편의 글을 묶었다. 신문 연재의 제목은 '김완하의 시 한편'이었으나 책의 제목은 '김완하의 시 속의 시 읽기'로 삼았다. 앞으로도 이러한 글쓰기는 당분간 지속될 것이다. 수록 순서는 연재 순으로 하였다. 연재 순서와 계절의 감각이 어울리기 때문이다.

2014년 6월
김완하

차례

석류

이가림 (1943~)

언제부터
이 잉걸불 같은 그리움이
텅 빈 가슴속에 이글거리기 시작했을까

지난 여름 내내 앓던 몸살
더 이상 견딜 수 없구나
영혼의 가마솥에 들끓던 사랑의 힘
캄캄한 골방 안에
가둘 수 없구나

나 혼자 부둥켜안고
뒹굴고 또 뒹굴어도
자꾸만 익어가는 어둠을
이젠 알알이 쏟아놓아야 하리

무한히 새파란 심연의 하늘이 두려워

나는 땅을 향해 고개 숙인다
온몸을 휩싸고 도는
어지러운 충만 이기지 못해
나 스스로 껍질을 부순다

아아, 사랑하는 이여
지구가 쪼개지는 소리보다
더 아프게
내가 깨뜨리는 이 홍보석의 슬픔을
그대의 뜰에
받아주소서

시와 사랑을 찾아 떠난 한 사내가 있었다. 목숨처럼 시와 사랑에 붙들린 사내. 봄날 담장 곁에 나무 한 그루 심어두고 지성으로 제 사랑의 소원 빌던 사내 있었다. 그 산맥 같은 가슴 안에서는 언제나 시를 삼던 사내. 사내는 아침저녁 나무에 물을 주며 지성으로 빌고 빌어, 그때마다 먼 산의 뻐꾸기소리 달려와 안기곤 했다. 사내의 사랑이 전해져 나무에 꽃이 피면 그때 사내 가슴엔 붉은 시가 솟으리라 했다.

그 나무가 사내 키 훌쩍 넘어 담장 위로 목을 뺄 즈음, 사내는 담장 밖 오가는 긴 머리 처녀에게 마음 빼앗겼다. 어느 눈매 깊은 한 처녀를 가슴에 새겨두고 끓이며 애태웠다. 치렁치렁 그 긴 머리칼에 확, 확 가슴 뜨거웠다. 나무는 사내 마음 먼저 알고 더 몸이 달아 무진장, 무진장으로 꽃피워 열매 붉어서도, 처녀는 사내에게 눈길 한번 주지 않았다. 마침내 그 열매의 선홍빛 가슴은 터져 붉은 핏물로 번져 갔거니. 오, 그대 석류여. 제 가슴 한 쪽을 허공으로 갈라내 핏물 뚝, 뚝 듣는 속살 펼쳐내는구나. 어느새 사내의 시는 쌓여 산을 이루고 그 위로 가을은 무너져 내린다.

고통 없는 사랑 어디 있으며, 고뇌 없는 사랑이 또 어디 있으리. 가을 따라 그대 사랑도 깊어 가는가. 이 세상 여기저기 담장 위로 목을 빼고 오가는 사랑 찾는 그대들이여. 한 사내가 저 농익은 석류 속에 아로새겨놓은 격정의 시와 사랑이여!

길 위에서의 생각

류시화 (1957~　)

집이 없는 자는 집을 그리워하고
집이 있는 자는 빈 들녘의 바람을 그리워한다
나 집을 떠나 길 위에 서서 생각하니
삶에서 잃은 것도 없고 얻은 것도 없다
모든 것들이 빈 들녘의 바람처럼
세월을 몰고 다만 멀어져 갔다
어떤 자는 울면서 웃을 날을 그리워하고
웃는 자는 또 웃음 끝에 다가올 울음을 두려워한
다
나 길가에 피어난 풀에게 묻는다
나는 무엇을 위해 살았으며
또 무엇을 위해 살지 않았는가를
살아 있는 자는 죽을 것을 염려하고
죽어 가는 자는 더 살지 못했음을 아쉬워한다
자유가 없는 자는 자유를 그리워하고
어떤 나그네는 자유에 지쳐 길에서 쓰러진다

그대여, 우리 둔자鈍者는 길을 가면서도 길을 묻는 게 아닌가. 길에만 길 아닌 게 있는 법, 길에만 길 밖의 길이 있는 법이다. 우리는 단지 무엇을 소유하려 어딘가로 떠난다. 그동안 그대는 무엇 위해 살고 또 무엇 위해 살지 않았는지. 저 길가에 피어난 풀들에게 물어도, 그대여 풀은 무엇을 위해 살지 않고 다만 자기 삶을 사랑하며 자기 생에 충실할 뿐이다. 그러므로 그대여, 그대도 다만 삶의 자유를 위해 살아라. 그대가 그리는 머리 위 구름만큼의 무게로 이 세상을 내려다보며 기도하라. 언제나 그 길 위에서 그대와 내가 삶을 사랑하고 자유에 지쳐 쓰러질 때, 길 옆의 풀잎들이 나와 그대의 시린 발목을 덮어 주리니. 가을은 우리 어깨에 길 하나씩 올려놓고 슬며시 사라져간다. 그대와 내가 사랑할 길, 나와 그대가 끝까지 함께 지고 갈 그 길 하나.

밤새워 하늘에 별을 기르며 창문 곁에 서 있던 갈참나무가 이 아침 우리 앞에 물든 잎을 날리며 비로소 가을산으로 제 길 찾아 떠난다. 그대여 길은 길에서 놓여날 때 비로소 길로 채워지는 법, 작은 길조차 길 안에서 벗어날 때 새 길로 트이는 법이다. 가득 찼던 들녘이 스스로를 비워내 그 안에 길 하나를 품듯이, 그대와 나 서로를 비워야 품을 수 있으리니. 이 가을 길 위에서의 생각 하나, 그대와 내가 비로소 서로의 길 안으로 열리며 더 깊이 다가서야 할 길 하나 이 가을 앞에 있다.

시월

나희덕 (1966~　)

산에 와 생각합니다
바위가 산문山門을 여는 여기
언젠가 당신이 왔던 건 아닐까 하고,
머루 한 가지 꺾어
물 위로 무심히 흘려보내며
붉게 물드는 계곡을 바라보지 않았을까 하고,
잎을 깨치고 내려오는 저 햇살
당신 어깨에도 내렸으리라고,
산기슭에 걸터앉아 피웠을 담배연기
저 떠도는 구름이 되었으리라고,
새삼 골짜기에 싸여 생각하는 것은
내가 벗하여 살 이름
머루나 다래, 물든 잎사귀와 물,
산문山門을 열고 제 몸을 여는 바위,
도토리, 청설모, 노란 풀꽃뿐이어서
당신 이름뿐이어서

단풍 곁에 서 있다가 나도 따라 붉어져
물 위로 흘러내리면
나 여기 다녀간 줄 당신은 아실까
잎과 잎처럼 흐르다 만나질 수 있을까
이승이 아니라도 그럴 수는 있을까

유독 시월을 노래한 시들이 많아 새삼 당신의 그리움 일깨우나니. 시월은 오던 길 멈추어 뒤를 돌아보는 시간인가, 아니면 오던 길 내처 이어가는 시간인가. 돌아봄 있어야 앞길은 열리고 반드시 앞의 길 있어 다시 돌아보게 되거늘. 그 길도 지쳐 산에 이르면 숲의 장막에 가로 막혀 다시 길을 도모해야 하는 법이다. 그곳 시월에 닿으면 산도 한 단풍 하는 법. 나무마다 홀연 제 색깔을 바꾸어 어제와 다른 모습으로 돌연 세상의 한쪽을 깊게, 깊게 적신다. 추억 속의 그대여, 그대 아직도 평안한가 안부를 묻는다. 당신과 함께 걷던 산길에 번지던 풀빛 어느새 시월 숲에 스미어, 그날의 온기는 담배연기처럼, 구름처럼 저 계곡을 비워버렸어라.

우리 사랑 한철의 꽃과 같아 피고 지면 다시 한 생을 견뎌야

하느니, 산에 와 산문山門을 열고 만나는 머루, 다래, 물든 잎, 물, 바위, 도토리, 청설모 그리고 노란 풀꽃들이여. 그 위로 어리는 당신 이름과 당신 희미한 흔적뿐. 저 흐르는 물에 띄운 머루 한 가지 타고 흐르다 당신 만날 수 있을까. 이승이 아니라도 그럴 수 있을까. 시월 단풍 곁에 서 있다가 문득 나도 따라 달아올라 몸을 붉히며 물 위로 흘러내리면 아, 나 여기 다녀간 줄 당신은 아실까. 시간과 공간을 넘어 당신께 닿고 싶은 생각 사무치는 시월. 그러나 이곳은 어둠 오기 전 서둘러 마을로 돌아가야 하는 지상의 가파른 가을 산.

무릎

정호승 (1950~)

너도 무릎을 꿇고 나서야 비로소
사랑이 되었느냐
너도 무릎을 꿇어야만
걸을 수 있다는 것을 아는 데에
평생이 걸렸느냐
차디찬 바닥에
스스로 무릎을 꿇었을 때가 일어설 때이다
무릎을 꿇고
먼 산을 바라볼 때가 길 떠날 때이다
낙타도 먼 길을 가기 위해서는
먼저 무릎을 꿇고 사막을 바라본다
낙타도 사막의 길을 가다가
밤이 깊으면
먼저 무릎을 꿇고
찬란한 별들을 바라본다

별을 보려는 자 먼저 이 지상에 구릎을 꿇어라. 낙타도 먼 길 갈 때나 밤 깊어 쉴 때 먼저 무릎 꿇어 하늘 바라보거늘. 그대여 경건한 마음 무릎 가까이 땅에 입맞춤하라. 잠시 싸늘한 대지 위로 그대 영혼이 스칠 때 하늘은 땅의 마음으로 크게 열리며 밝게 빛날지니. 그대여 비로소 별의 음성에 귀 기울이며, 그대 마음 모두 내려놓고 하늘 향해 가슴 열어라. 그때 보이는 별이 진정한 별, 그 별만이 어둠 속에서도 올곧게 눈을 뜬다. 그러므로 우리는 잠들 때도 그 별 우러러 대지를 머리로 이는 것이다.

산 정상에 도달한 자도 제일 먼저 땅에 무릎 꿇고 머리 조아린다. 제 아무리 높은 곳도 지상과 그 거리는 발과 무릎 사이, 정상에 오른 자만 다시 무릎 꿇고 내려오는 것이다. 산 정상에 오를 때나 내려올 때 무릎 꿇어 두 손 조아리며 온몸으로 땅을 딛는 오체투지.

사람이 태어나 누워 있다가 등을 뒤집어 기어 다닐 때도 제일 먼저 무릎으로 거듭난다. 무릎이 익어 힘이 고이면 아이도 새로운 세상을 꿈꾸는 법, 그때 비로소 두 팔 버텨 무릎 박차고 일어선다. 무릎을 무릅쓸 때만 이 세상을 딛고 일어설 수 있다. 누구든 무릎으로만 한 생을 얻을 수 있느니, 새 세상은 온전히 제 무릎에서 태어나는 것. 알고 보면 무릎만이 바닥에

가 닿기 때문이다. 그러니 바닥에 닿지 못한 자여, 그대는 끝내 하늘을 이고 일어설 수 없다. 그런 즉 그대 무릎이 닿는 곳이 곧 그대의 큰 하늘이다.

소리의 무게

김광규 (1941~)

추녀 끝에 매달린 종
바람 불 때마다 딩동댕동
맑게 울리는 풍경風磬
종 아래 매달린 붕어를 떼어 달라고
돌계단 위에서 팔짝팔짝 뛰어오르며
졸라대는 연이를 힘껏
들어 올렸다 고사리 같은
손가락 끝이 붕어에 달락말락
무거워졌구나 어느새 18킬로그램
할아버지가 풍경 소리에
귀 기울이는 동안 손주는
어느새 두 배나 컸구나
소리도 쌓이면 나이 들고
그 무게 늘어나는 듯

하나의 풍경風磬 앞에 선 할아버지와 손주의 대위법對位法. 할아버지는 소리에 귀 기울이고 손주는 몸무게를 부풀린다. 할아버지의 체중 줄어드는 사이 손주는 풍경소리 먹고 몸무게가 산만큼 커졌다. 어느새 손주는 무거워져 할아버지 손아귀 힘을 버겁게 하는구나. 그리하여 서서히 할아버지의 손을 벗어날 터, 조만간 할아버지와 손주는 세대를 교체해야 할 것이다.

풍경에 매달린 붕어. 산에 와 어느 풍경風景에 필이 꽂혀 추녀 밑에 붙잡힌 붕어는 아직도 바다를 꿈꾸는 중인가. 풍경에 매달려 허공을 날고 있는 붕어는 이제 파도와 거친 몸부림의 바다로는 절대 돌아가지 않을 것이다. 붕어는 잠들 때에도 절대 눈을 감지 않는다. 그건 세상 이치와 진실에 한순간도 눈을 떼지 않으려는 의지일 터이니, 인간이 자연에서 배워야 할 바 너무 크고 높구나. 우리 일생을 살아도 붕어 한 마리 쫓아가지 못하는 소인배들인가. 손주는 이미 그것을 알아서 붕어를 선점하려는 노력일 것이다.

옛 선지자 낮에도 등불 들고 사람 찾아간 사연과 산으로 낚시 들고 떠난 사연을 내 이제사 알 것 같도다. 오호라, 이 가을 우리 모두 산으로 가서 통통하게 살진 붕어나 한 마리씩 낚아올까. 우리 희미해진 의식 속에 '파다다닥!' 지느러미 칼날을 들이댈 싱싱한 붕어 잡으러 산으로 떠날까나. 이 가을 모두 산속으로 가서 살이 오른 붕어 낚으며 다시는 이 속세로 끝내 돌아오지 말까나.

가을 오후

도종환(1954~　)

고개를 넘어오니
가을이 먼저 와 기다리고 있었다
흙빛 산벚나무 이파리를 따서 골짜기물에 던지며
서 있었다 미리 연락이라도 하고 오지
그랬느냐는 내 말에
가을은 시든 국화빛 얼굴을 하고
입가로만 살짝 웃었다
웃는 낯빛이 쓸쓸하여
풍경은 안단테 안단테로 울고
나는 가만히 가을의 어깨를 감싸안았다
서늘해진 손으로 내 볼을 만지다
내 품에 머리를 기대오는 가을의 어깨 위에
나는 들고 있던 겉옷을 덮어주었다
쓸쓸해지면 마음이 선해진다는 걸
나도 알고 가을도 알고 있었다
늦은 가을 오후

가을 오후라 했던가요. 그대 오신다던 때가. 고개 넘어 흙빛 산벚나무 아래라 했던가요. 그대와 내가 만나자 했던 곳이. 하여 설레는 마음 안고 고개를 넘어 넘어서 갔더니 내가 기다리던 그대는 아직 아니 오시고 덜컥 가을만 찾아와 있더이다.

혹시 그대가 벌써 다녀간 건 아닐까 하여 두리번두리번 대는 사이 가을은 나를 달래려 산벚나무 이파리를 따 골짜기에 던지며 서 있습니다. 그 이파리 어디로 가나 살피다 알게 되었던 사실이지요. 그대 이미 투명인간이 되어 산벚나무 아래 기대어 있었어요. 그리하여 저는 이제 그대 만나려 이렇게도 멀리 오지 않고 가을 오후 가까운 숲으로나 갈 일이었습니다. 붉게 물든 가을 숲 어디에라도 그리던 그대는 와서 투명한 얼굴로 나를 기다리며 서 있을 것입니다. 아니, 이미 그대 내 안에 녹아들어 나와 호흡하며 가을을 함께 살고 있겠지요.

안타가운 마음으로 가을에게 물었어요. 왜 미리 연락이라도 하고 오지 그랬느냐고. 그동안 얼마나 혼자서 외로웠느냐고. 그리고 나는 가을의 어깨를 감싸 안으며 내 겉옷을 벗어 덮어 주었습니다. 그래도 가을은 시든 국화빛 얼굴로 쓰윽 웃어보였어요. 살다보면 서로 쓸쓸해지는 마음 사이로는 새로운 길이 나는 법, 그 길을 따라 가을과 내가 하나 되어 걸으니 그대 이미 내 안에 함께 깊어지고 있는 것이지요. 그래. 그렇게,

그렇게! 가을과 내가 하나로 쓸쓸해져서 선한 마음으로 오후 석양을 버티어내는 늦가을 진풍경입니다.

내가 나의 감옥이다

유안진 (1941~)

한눈팔고 사는 줄은 진즉 알았지만
두 눈 다 팔고 살아온 줄은 까맣게 몰랐다

언제 어디에서 한눈을 팔았는지
무엇에다 두 눈 다 팔아먹었는지
나는 못 보고 타인들만 보였지
내 안은 안 보이고 내 바깥만 보였지

눈 없는 나를 바라보는 남의 눈들 피하느라
나를 내 속으로 가두곤 했지

가시껍데기로 가두고도
떫은 속껍질에 또 갇힌 밤송이
마음이 바라면 피곤체질이 거절하고
몸이 갈망하면 바늘편견이 시큰둥해져
겹겹으로 가두어져 여기까지 왔어라.

내가 나의 감옥이라고? 우선 이 시는 제목부터가 확 눈에 든다. 그러면 나를 사랑하는 그대는 나의 감옥을 사랑하는 것이고, 나 또한 그대의 감옥을 사랑하고 있다는 말인가. 그렇다면 내 사랑을 받아달라며 우리 서로는 각자의 감옥을 상대에게 강요하고 있다는 사실인데? 오호 통재라.

프레드릭 제임슨은 그의 저서에서 인간들은 모두 언의 감옥에 갇혀 있다고 말한다. 그의 유명한 책 이름이 바로 『언어의 감옥』인 것. 그러나 생각해 보라. 우리가 언어 없이 어찌 그대를 만날 수 있으며 언어가 없다면 어떻게 그대의 가슴에 내 사랑의 열정을 불 지필 수나 있겠는가. 그리하여 우리는 무엇보다 감옥으로부터 자유로워져야 하고 그 감옥으로부터 사고를 비롯할 수 있는 것이다. 그러니 감옥은 철저히 갇힘으로써 벗어날 수 있는 곳, 비로소 우리가 거듭나는 곳이다. 신영복이 쓴 베스트셀러 『감옥으로부터의 사색』도 거기에서부터 싹이 터 나왔을 것이다.

시인이 생의 후반에 가서야 깨닫고 있는 바, 우리는 스스로를 가시껍데기로 가두고, 다시 그 안에 떫은 속껍질로 가두고 있는 밤송이라 한다. 그러나 두려워하지 말자. 고기는 물속에 겹겹이 갇혀 있음으로써만 자유를 누릴 수 있고, 새는 허공의 절망 앞에서 무수히 솟아오를 수 있는 것이니. 그대여 나의 감옥으로 달려오라. 나의 감옥만이 그대를 진정 자유롭게 하고, 나 또한 그대의 감옥 안에서 온전히 자유케 될지니.

오십세

문정희 (1947~　)

나이 오십은 콩떡이다
말랑하고 구수하고 정겹지만
누구도 선뜻 손을 내밀지 않는
화려한 뷔페상 위의 콩떡이다
오늘 아침 눈을 떠 보니 글쎄 내가 콩떡이 되어 있다
하지만 내 죄는 아니다
나는 가만히 있었는데 시간은 안 가고 나이만 왔다
앙큼한 도둑에게 큰 것 하날 잃은 것 같다
하여간 텅 빈 이 평야에
이제 무슨 씨를 뿌릴 것인가
진종일 돌아다녀도 개들조차 슬슬 피해 가는
이것은 나이가 아니라 초가을이다
잘하면 곁에는 부모도 있고 자식도 있어
가장 완벽한 나이라고 어떤 이는 말하지만

꽃병에는 가쁜 숨을 할딱이며
반쯤 상처 입은 꽃 몇 송이 꽂혀 있다
두려울 건 없지만 쓸쓸한 배경이다

공자 선생이 우리에게 이르시기를 사람의 나이 사십이면 불혹不惑이요, 오십세에 이르면 지천명知天命이라 했던가. 사람의 평균 수명이 길어진 만큼 당시의 오십세를 이즈음의 나이로 치자면 60세 이상에 해당한다고 해도 아, 지천명이란 그 얼마나 높고도 깊은 단계란 말인가.

어느 날 시인은 이 가쁜 세상을 숨 쉴 틈도 없이 바람개비 돌리며 살아오다가, 오십세에 이르러 자신이 잔칫집의 화려한 뷔페상 위에 놓인 콩떡임을 발견한다. 나이 오십세를 누구는 잘하면 곁에는 부모님도 있고 자식도 있는 완벽한 나이라 말하기도 한다지만, 시인은 진종일을 돌아다녀도 개들조차 슬슬 피해 가는 초가을 스산한 날씨라고 표현하였다. 세상에, 오십세를 개들조차도 슬슬 피해가는 나이라 한다니. 너무 엄살이 심하기도 한가.

그렇다고는 하더라도 이제 시인은 꽃병에 가쁜 숨 할딱이며 꽂혀 있는 상처 입은 꽃송이다. 그러므로 이 세상을 향해서 두려울 건 없어도 다만 쓸쓸한 배경으로 다가온다. 돌아보면 이제는 힘겹게 올라온 만큼 반환점을 돌아서 내려가야 하는 지점인 터. 그것은 올라올 때의 힘겨움이 아니라, 계곡 아래로 굴러 떨어지는 돌덩이처럼 점점 더 빨리 굴러 처박히는 신세. "아버지 돌 굴러 가유우" 그 소리를 들을 시간도 없이, 뒤를 돌아볼 시간도 없이 빨리 내리꽂히면서. 또 누구는 오십세의 나이를 일러서 점점 더 빨리 풀려가는 두루마리 화장지 같은 시간이라고도 했다.

허물을 벗다

도복희 (1966~)

파란 양철대문 옆 삐딱하게 자리 잡은 등받이 나무 의자
구름을 앉히고 바람을 품던 몸 반질반질 닳아 있다
이른 저녁밥을 물리고 앉은 노인의 눈이
어둠 안으로 파묻히는 골목을 바라본다
되풀이해 온 여느 날처럼
새 떼 한 무리 하늘을 끌고 가는 동안
한낮 폭염에 지쳐버린 바람이 맨발 위에 머문다
투두둑 떨어져 내리는 웃음소리
간간 들려오는 담장 안
농익어서 스스로 떨어지는 까만 분꽃씨
뜸들어가는 밥 냄새를 잊을 수 있을까
그의 등이 의자 깊숙이 파묻히고
상수리나무가 먹빛을 뒤집어쓴다
능소화 툭툭 떨어져 있는 그늘에

능구렁이 한 마리 허물 벗어두고
달의 입구로 미끄러져 간다
그의 발에서 흘러내린 뒷굽 닳은 신발 한 짝
이슬 맞으며 대문 밖에 놓여 있다

이 가을에 태어난 시인이 있다. 이 신인의 그리움은 어머니보다 아버지 쪽으로 기울고 있는 바, '아버지'라는 말에도 주르륵 눈물을 흘리는 감성을 자주 본 적 있다. 또한 아버지 시를 낭독하다 그 격정에 사무쳐 한참동안 울먹이며 멈춘 적 있다. 그때마다 세상은 조금씩 부끄러운 낯빛을 감추곤 했다. 아마 저기 금강으로 가던 갑천도 잠시 흐르기를 멈추었을지 모른다.

닳아빠진 의자와 동일시되어 있는 노인, 그는 우리 주변의 수많은 '아버지'일 터인 즉, 생의 후반이 이렇게 싸늘한 정물靜物로 한 폭의 풍경화에 고여 있다. 그들은 입동 이후 다가오는 겨울을 두려워하는지도 모른다. 굳이 강조하는 것은 아닐지라도 그들에게 작은 손길이라도 가져야 한다는 믿음이 이 시의 내면에 자리 잡고 있다는 점, 부디 독자들 잊지 말아야 할

일이다.

그동안 시를 쓴다고 어디 한번 나서 본 적 없으나, 시 때문에 열병을 앓고 있다고 너스레 떨거나, 엄살 부리지 않아도 그의 시편은 매일 밤마다 언어의 허물을 벗어 던진 그 결과 아니랴? 그는 요즈음도 쉬지 않고 시 창작 강좌에 나와 열심히 시를 공부하고 있단다.

산이 거기 있으매 산으로 떠난 사내들 몇이 이 가을 차가운 빙하 속에 뼈를 묻고 영원으로 시간을 닫아버렸다. 때를 맞추어 다시 태어난 시인. 부디 시의 산에 정신을 묻고 높은 직관과 날카로운 상상의 각을 세우며 거듭 새로운 봉우리로 솟아오르길!

꽃씨

이준관 (1949~)

꽃이 피었을 때보다
꽃씨로 맺혔을 때가 나는 더 좋다
태풍에도 꺾이지 않고
천둥에도 자지러지지 않고
톡톡 여물어 간 꽃씨
꽃씨는 저 혼자만
여물어 간 게 아니다
잠자리도 여물어 하늘을 날게 하고
송아지도 여물어 들녘을 겅중겅중 뛰게 하고
나도 벼이삭처럼 여물어
겸허하게 머리를 수그리게 하였다
온종일 밭에서 일하다 돌아온
머릿수건을 쓴 아낙처럼
햇볕에 얼굴이 까맣게 그을린 꽃씨
귀에 대면
아직도 꿀벌의 물빛 날갯소리 연신 닝닝거린다

작은 꽃씨 하나에도 그대보다 더 큰 우주가 들어있다는 걸 그대는 아시는지요? 그대와 내가 여름날 저 꽃밭 옆에서 나눈 이야기가 그 꽃씨 안에는 맺혀 있어 다음 봄에 더 넓은 꽃밭을 가득 채우며 꽃피는 걸 본 적이 있으신지요. 그 꽃씨 속에는 누대를 걸치며 쌓여온 꽃 가족들의 역사가 다 들어있고 그 꽃씨를 화단에 묻고 물을 주던 사람의 삶도, 그 옆에 있던 강아지의 호흡도 함께 살아서 숨을 쉬고 있지요.

누구나 더불어의 삶을 강조하던 때가 있었지요. 아니 그것은 이제 우주공동체 속에서 살아야 할 우리에게는 영원한 명제일 터이지요. 그러나 더불어의 삶도 이 시에서 보이는 것쯤은 되어야 진실한 게 아닐까요. 그건 또 하나의 진정한 의미에서 나비효과가 아닐지요.

우주 천지만물의 조화도 뭉치고 뭉쳐 하나의 씨앗으로 남는 일이지요. 그 꽃씨 하나 여물어 그 위를 날아가던 잠자리도 여물게 하고 소나기 속을 뛰어가던 송아지도 여물어 겅중거리게 하지요. 저 너른 들녘에서는 벼이삭도 여물어 머리 더욱 수그리게 하구요. 그 꽃씨 속에는 백 일 동안이나 하늘을 찢던 천둥번개 울리고 밤 소나기 양철지붕을 때리던 소리도 들리네요. 또 여름밤 별들이 깜빡거리며 허공 가득히 은빛 가루 뿌리던 순간의 멜로디도 울리지요.

무엇보다 그 꽃씨 하나를 따서 귀에 대면 아직도 살아 닝닝거리는 꿀벌의 물빛 날갯소리. 그리고 그 곁에서 그대와 내가 함께 여물어 간 가을날의 사랑이야기 들려오지요.

바느질

박경리 (1926~2008)

눈이 온전했던 시절에는
짜투리 시간
특히 잠 안 오는 밤이면
돋보기 쓰고 바느질을 했다

여행도 별로이고
노는 것에도 무취미
쇼핑도 재미없고
결국 시간 따라 쌓이는 것은
글줄이나 실린 책이다

벼개에 머리 얹고 곰곰이 생각하니
그것 다 바느질이 아니었던가
개미 쳇바퀴 돌 듯
한 땀 한 땀 기워 나간 흔적들이
글줄로 남은 게 아니었을까

자신의 삶이 곧 바로 역사가 된 사람들이 있다. 개인의 삶을 벗어나 스스로의 삶이 곧 우리 문학사로 이어진 사람도 있다. 시대와 역사의 지난한 삶을 뚫고 문학으로 그 한가운데 기둥이 되어 서주던 삶을 살아간 이들. 이육사, 윤동주, 한용운, 신동엽. 그 이름만으로도 우리를 설레게 하는 시인들이여.

여기 자신의 삶을 문학과 어두운 시대에 들어서 바친 작가 박경리. 그의 삶 한편으로는 강원도 원주 일대를 환히 밝히고, 또 한편으로는 한국근대사의 큰 아픔을 대하소설로 예리하게 도려내던 작가의 큰 삶. 그는 이 세상을 떠나기 전 마지막으로는 유고시집 한 권을 남긴다. 바로 그 시집 『버리고 갈 것만 남아서 참 홀가분하다』는 그가 떠난 후 더 살가운 손길로 다가와 이 세상을 감싸 안았다.

『토지』라는 대작으로 한국근대사를 조명한 작품을 보여주고 말년엔 시집 한 권을 남기고 표표히 이 세상을 떠난 그. 아마 그는 저 세상에서도 글을 쓰고 있을 것. 그는 "희망을 잃지 않았던 것은 남몰래 시를 썼기 때문인지 모른다"는 말을 이 세상에 남겼다.

땅 위에 사는 존재란 모두 땅 위를 기는 개미 이상은 아닐지니, 살아온 일생 전체는 하나의 바느질인 것. 한 해가 겨우 한 달 자투리로 남은 때, 내 생각하노니 한 해의 가파른 삶도 돌아보니 한 땀 한 땀의 바느질 그것이었다. 아, 이 겨울 새삼 큰 문학이 무엇인가를 보여주던 그분이 참 그립다.

묽어지는 나

황인숙 (1958~)

설거지를 마치고
묵직한 스펀지를 내려다보다
헹구지 않고 그냥 두었다
한번쯤 더 쓸 만하게
한바탕 거품을 품고 있었으니까

이상하다
거품이 일지 않는다

어제는 팔팔했는데
괜히 기진맥진한 오늘의 나
거품이, 거품이 일지 않는다

쓰지 않아도 저절로
소진돼버리는
생의 비누 거품.

시간에 의해서 묽어져 가는 것이 어디 비누 거품뿐이랴. 설거지를 하면서도 생을 간파하는 시인의 눈. 이 시인의 나이는 중년이 맞다. 얼마간 닳아져본 사람의 혜안이랄까, 얼마쯤은 뭉개져본 사람의 상처. 그 상처에서 솟아나는 삶에 대한 사랑의 힘이 보이니 말이다. 12월, 그러고 보니 시간이 닳아 없어진다고 해도 별로 걱정할 게 아니다. 그만큼 우리는 삶의 본질에 가 닿을 테니까. 저 삶의 바닥으로 내려갔다 새로이 솟구치기도 할 테니까.

우리에게 어제는 항상 젊고 밝고 힘차다. 알고 보면 하루 지난 오늘이 어제인데도 말이다. 시인도 어제는 한 번쯤 더 쓸 만했는데, 어제는 한바탕 거품을 품고 팔팔했는데 라고 회상한다. 뒤돌아보니 우리에게는 시간이 갉아먹고 간 골목들, 시간이 뱉고 간 허공, 시간이 뿌려놓은 빛의 그림자, 시간이 새기고 간 바람의 파문들이다.

이 세상의 여자가 더 철이 드는 까닭은 설거지를 많이 하기 때문이라는 설이 있다. 그건 설거지 속에서 생을 깨닫기 때문일 것. 그러니 남자들이여 오늘 저녁부터는 기꺼이 우리가 설거지를 하자. 그리하여 남자들도 철 좀 더 들자. 더 깊어진 생의 안목으로 가족과 함께 이 세상을 감싸 안자.

나의 안부를 나에게 묻는다. 나의 나여 그대도 잘 있는가.

한 해를 또 다시 보내며 서쪽 해를 본다. 낡어진 만큼 그 안에서는 힘차게 다가오는 새로운 태양도 보이니, 지금은 우리 모두 하루하루 낡어져 가는 나를 바라보면서 고요히 한 해를 보내야 할 때.

그 사람

김소원 (1959~)

비와 이슬을 더 좋아하는 사람
홀로 제 우듬지 키우기보다
이랑 가지런히 잔물결이 되어 주는 사람
높은음자리표로 참새들의 아침을 깨우는 사람
제 몸 덖고 덖으며
떫은 세상 참고 기다리는 사람
끓는 심사 한 풀 식혀
찬 그릇도 담담히 덥혀 주는 그 사람
은어 떼 헤살 짓는 강물의 빛깔로
개운하고 맑아도 심심치 않은,
첫 만남보다
그 다음 그 다음이 더 설레는 사람
차를 즐기다가
어느새 스스로 차의 향기가 되는 사람
나도 그 누군가의 다향이 되어 살고 싶게 만드는
늘 아침 찻물 같은 그 사람

한 해의 삶을 마무리할 때, 어떻게 삶을 정리할 수 있을까. 얼마나 벌고 얼마를 썼는지 계산해 볼까. 스스로 일에 얼마나 성실했는지 평가해볼까. 아니면 한 해를 보내며 몇 사람을 만났나 헤아릴까. 무엇보다 우리 삶은 우리가 만난 사람들과 함께 한 시간의 총합이라는 판단. 올해에 내가 만난 사람은 모두 몇 명이나 될까. 단지 몇 십 명일까, 몇 백 명일까, 아니면 몇 천 명일지.

중요한 것은 내가 만난 사람 중에서 몇 사람이나 나에게는 소중한 사람이었을까. 또 나는 그에게 얼마나 소중했던 만남이었을까. 사람들 대부분 사무적으로 만난다. 그 안에는 만나기 불편한 사람도 있다. 그리고 냉정하게 돌아선 경우도 있었을 것. 더 이상은 만나고 싶지 않은 사람, 돌아서 곧 기억을 지워버린 사람도 있었다. 때로 우린 만나서 안 될 사람도 만나고, 반드시 만나야 할 사람도 비켜간다. 앞으로 자주 만나야 할 사람도, 다시 만나지 말아야 할 사람도 있었으리라. 그대는 그동안 만난 중에 가장 간절히 생각나는 이 누구신가.

그대는 비와 이슬 더 좋아하는 사람, 언제나 잔물결 되어주는 사람을 가졌는가. 만날수록 다음 그 다음이 더욱 설레는 사람을 알고 있는가. 그 사람으로 하여 그대도 누군가의 향이 되어 살고 싶게 하는 그 사람을 만났는가. 이 세상 많고 많은 사람 중에 간절히 생각나는 사람, 아침 찻물 같은 바로 그 한 사람.

벽돌 한 장

고영민 (1968~)

변기 물통에 벽돌 한 장을 넣어두었다

네 안에도 몰래
벽돌 한 장 넣어두고 싶다
내 심장 같은

물을 내리고
다시 새 물이 차오를 때,

벽돌 한 장의 부피만큼
더 빨리
네 숨이 나를 향해
차오른다

사랑은 우리 생의 최대 가치이자 목적. 사랑은 소유하는 게 아니라 할 때, 그것은 상대를 구속하는 게 아니라는 단서. 그러나 사랑은 소유를 넘어선 소유가 아닐지. 또 사랑은 목적이라고 말할 때, 그건 그대가 아닌 사랑 그 관념에만 매달려야 한다는 뜻이 아닐지. 그러나 목적은 또한 목적을 넘어선 목적이 진정한 게 아닐는지. 그런데 사랑이 이렇게 어렵다면 누가 사랑을 해, 그 누가 사랑을 감당해?

하여 시인은 한 편의 시로 그것을 온전히 보여준다. 사랑은 겨우 벽돌 한 장이다. 내가 단지 한 장의 벽돌이 되는 것. 내가 그 하찮은 벽돌 한 장이 되어서 그대에게 다가가는 것이다. 그대 심장 속에 묻어둔 나의 벽돌 한 장. 나는 사랑의 스파이가 되어서 그대에게 온전히 순종하는 것이다.

벽돌 한 장으로 보여준 이 사랑의 객관적 상관물. 그대의 나에 대한 그리움은 그대 안에 들어 있는 내 사랑의 벽돌만큼 쉽게 차오르지만, 그 그리움은 그대 안에서 다 빠져나오지 않고 항상 벽돌 한 장 부피만큼 살아남으리. 그렇게 해서라도 항상 그대 안의 나를 지키는 일. 언제나 나를 그대 쪽으로 가서 머물게 한다.

사랑이 소유가 되지 않으려고 나는 한 장 벽돌로 변신. 그대의 심장 속에 들어가 앉는다. 밖에는 아직도 우뚝 선 내가 남아 있다. 그대 가까이 걸어가 묻는다. 아니, 그대 심장을 향해 외친다. 그대 안에 나 있다? 아, 사랑의 이 가없음이여.

그 소식

홍윤숙 (1925~)

그날 아침 까치 한 마리
파란 사철나무 가지에서
유난히 싱그럽고 시끄럽게 우짖고
요란스레 새벽 창 흔드는 바람 소리 들리더니
그 소식 싱그러운 풋사과 향기처럼 날아왔다
아침 햇살에 수줍게 꽃내음 풍기며
목이 타게 기다리던 그 소식에선
첫 무대 개막하는 징 소리 울티고
먼 바다 출항하는 고동 소리 들렸다
지구를 돌아오는 아침 해의
진분홍빛 꽃노을 온몸에 묻히고
돌아온 소식엔
한 시대 흔드는 젊은 바람 서슬지고
어둠을 가르며 푸른 깃발 펄럭였다
이제 너희 길 무지개 열렸으니
그 길로 가면 된다 달리기만 하면 된다

날마다 가슴 죄며 기다리고 빌며
문밖에 서 있던 나도
그만 안으로 들어가
시린 발 녹여야겠다
싱그럽고 시끄럽게 우짖는
까치 한 마리 날아가는 저
겨울 숲 바라보며……

새해 첫날 흩날리는 눈송이 바라보며 한 해의 소망을 빌고 또 빌었다. 지난 시간 덮어버리는 길 위에 새 발자국 찍으며 올해는 좀더 새롭고도 힘찬 길로 나아가리라 기도했다. 눈이 내려 깔리는 길을 따라 걸어가며 눈송이가 하나씩 얹히는 나뭇가지마다 기쁨에 잠겨 허공으로 떠오르는 순간. 이 세상에 길은 모두 새로운 길로 통한다는 사실을 알게 되었다. 길은 마음속으로 나는 것이어서 어제의 길도 오늘 우리 마음속에 열리면 언제나 새롭고 힘차다는 사실 깨달을 수 있다.

어린 날 설날 동구 밖 느티나무 위에서는 여러 마리 까치들이 함께 울어주었다. 어린 날의 설날은 항상 까치 설날의 다음

날이었다. 설날 아침 까치 울음은 온통 대지를 희망에 들뜨게 하고, 우리의 길을 새로운 시간으로 달리게 하던 마법이었다.

까치가 사라진 뒤에 우리 설날을 맞이한다. 그리고 소식 기다린다. 우리 설날은 어제를 벗고 새 길로 열리는 밝은 시간으로 이어간다. 그 길에서 우리에게 다가오는 소식, 우리를 온통 기쁨에 들뜨게 하고 열락에 빠지게 하는 새 날을 기다리는 것이다.

새해에는 우리 모두 기쁜 시간과 행복이 왔으면 좋겠다. 풀리지 않던 일도 술술 풀리고 누구에게라도 새로운 시간이 펼쳐져 기쁨과 행복 크게 열렸으면 좋겠다. 그리고 모두에게 무엇보다 기다리던 그 소식이 왔으던 좋겠다. 우리가 모두 제일 바라고 기다리는 그 소식.

뀐투

이장근 (1971~)

관장님께 권투는
권투가 아니라 뀐투다
20년 전과 바뀐 것 하나 없는 도장처럼
발음도 80년대 그대로다
가르침에도 변함이 없다
뀐투는 훅도 어퍼컷도 아니라
잽이란다
관중의 함성을 한데 모으는 KO도
잽 때문이란다
훅이나 어퍼컷을 맞고 쓰러진 것 같으나
그 전에 이미 무수한 잽을 맞고
허물어진 상태다
잽을 무시하고
큰 것 한 방만 노리면
큰 선수가 되지 못한다며
왼손을 쭉쭉 뻗는다

월세 내기에도 어려운 형편이지만
20년 넘게 아침마다 도장 문을 여는 것도
그가 생에 던지는 잽이다
멋없고 시시하게 툭툭
생의 문을 두드리는 것이다
도장 벽을 삥 둘러싼 챔피언 사진들
그의 손을 거쳐 간 큰 선수들의 포즈도
하나같이 잽 던지기에 좋은 자세다

수직으로 비상하는 생을 꿈꾸는 자여. 그대는 절대로 링에서 내려오지 마라. 생의 한계에 도달한 순간일지라도 절대 글러브를 벗고 흰 수건을 던지며 비칠대며 생의 링 밖으로는 걸어 나오지 마라. 링 밖을 생각하는 순간, 이미 그대의 생은 패배한 것. 링에는 밖이 없고 오직 그 안이 존재할 뿐. 그게 우리 인생이고, 그대가 놓인 생의 한 지점이다. 차라리 그대가 선 링 안이 바깥보다는 정의를 간직한 곳이다.

죽는 순간까지 그대는 링 위에 굳건히 서 두 발로 지구를 딛고 두 주먹으로 우주를 향해 잽을 날려라. 그대의 적은 상대가 아니라 바로 너 자신일 뿐. 그러므로 그대만이 진실로 그대가 넘어야 할 고지인 것. 그대는 오직 그대 안의 무기력과 나태, 권태와 절망을 향해 주먹을 뻗어라.

생은 오직 링 위에 서 있을 때만 빛이 나는 법. 보이지 않는 내 안의 적을 향해 펀치를 날려야 하는 것이다. 그대의 승리는 오직 그대가 쉬지 않고 뻗는 잽의 횟수로 판가름 날 터인 즉, 한 방이 아니라 짧고 빠르게 끊어 치는 잽이 끝내 그대의 생을 완성한다.

다시 시작된 링의 승부. 이제 벨은 울렸다. 우리는 모두 글로브를 끼고 스탭을 밟으며 한발 한발 내 안으로 파고든다. 뀐투, 뀐투, 뀐투. 쉴 사이 없이 잽을 날리며 어둠이 다가와 무릎 꿇고, 우리 꿈이 다가와 환호하며 안길 그 순간까지. 그러나 두려워 말라. 그대가 절대 링 밖으로 나오지 않으려 다짐하는 순간 그대의 승리는 이미 따 놓은 당상이다.

다시, 수평선

손택수 (1970~　)

무현금이란 저런 것이다
두 눈에 똑똑히 보이지만
다가서면 없다, 없는
줄이 퉁 퉁
파도 소리를 낸다
시퍼런 저 한 줄
양쪽에서 짱짱하게 당겨진
밤이면 집어등이 꼬마전구들처럼 켜져
찌릿찌릿
전기가 흐르는
저 한 줄, 바다 한가운데 드니
구부러져 둥근
원이 되었다
아득하게 트인 감옥이 되었다
배가 바다의 배에 배를 얹고
젖을 빨다 까무룩

잠이 든다

불가해의 세계, 우리에게는 반드시 있으나 도달할 수 없는 것이 있다. 영원히 베일에 싸여 풀리지 않는 수수께끼 같은 것들. 그게 진실이라 생각했던 적 있다. 우리가 그쪽으로 다가가면 그만큼 뒤로 물러나 우리와 절대적 거리를 유지하는 것들. 그리하여 우리는 그곳으로 쉬지 않고 달려갈 수 있는 것이리. 아니, 내가 그쪽으로 가면 갈수록 더욱 멀어져 가는 그대처럼. 쉽게 잡힐 듯, 잡힐 듯해도 잡히지 않으며 우릴 그곳으로 이끌고 간다. 그게 바로 저 수평선의 미학, 그게 우리 인생의 진정한 아름다움이다.

나에게 멀어져간 그대여. 나 오늘 그대와 헤어진 바다에 나와 그대 이름을 부르니, 그대는 멀어진 저 수평선 위에서라도 나를 불러다오. 그대와 나의 이 거리는 다만 그리움으로나 채울 수 있는 거리. 그것은 내가 오늘 바라보는, 나 태어나기 전의 별빛과 같다.

그대와 나 사이의 수평선은 줄 없어도 소리 낸다. 밤이면 찌릿찌릿 전기 흐르는 꼬마전구 달고, 다가가면 원으로 우리를 가두는 둥그런 감옥. 밤이면 그 둥근 배 위에 배를 대고 작은 배들은 젖을 빨다 까무룩 잠이 든다. 오, 밤마다 저 수평선 위에 걸린 오징어잡이 배의 불빛들이여.

최근의 시들이 보여주는 현학적 수다를 벗고 바다의 즉물적 상상을 통해 새롭게 살려낸 시의 감동. 이 시의 정감은 거기에서 오기에 더욱더 애착이 간다. 이제 우리 시에도 잃어버린 이미지와 비유의 미학이 살아나려 하는가. 한 발 더 나아가 시에 맥박이 뛰는 리듬도 함께 살아났으면 좋겠다.

긔여

정윤천(1960~)

서울사투리에 찌든 서울 여자가
전라도에 있는 어물전 앞에 납시었다
조구*에게 대고 평소의 서울 말투로 물었다
아줌마, 저게 조기 맞지요
어물전 아짐이 싱겁다는 표정으로 건성 대꾸했
다
긔여
아니잖아요 조기잖아요
긔당께
아이 참, 조기가 맞는데
긍께, 긔여

서울 여자가 안달이 나서
지나가는 행인을 붙들고 물었다
아저씨 이거 조기 맞지요
긔구만

긔여*

* 조구 : 조기
* 긔여 : 그렇다

조구는 조기를 뜻하는 전라도 말, 긔여는 그렇다는 의미의 전라도 말이다. 그러니까 이 시는 서울말과 같은 뜻의 전라도 말을 모르는 서울 여자를 두고 벌어지는 해프닝이 전부다. 최근 개그콘서트에 나오는 서울사람과 시골사람의 풍자를 보는 듯하다. 개그콘서트가 서울 사람 편에 서 있다면 이 시는 시골 사람 편에 서 있다는 점이 조금 다르다고 할까.

질박한 사투리의 미학으로 쓴 시를 본지가 오래여서인지 이 시는 대단히 반갑게 다가온다. KTX의 초스피드 시대에 사는 우리는 지역의 방언을 지켜야 한다는 또 다른 의무감을 가져야 한다. 본디 시의 사명이 모국어를 갈고 다듬고 지켜내는 일이라 할 때, 각 지역마다 존재하는 토속적이고 감칠맛 나는 방언은 매우 소중한 민족 자산. 그러한 대표적 시인으로 우리는 북쪽의 백석과 남쪽의 김영랑, 서정주를 꼽는다.

같은 뜻의 표현이 여러 종류인 단어 가운데 부추가 있다.

그것은 정구지, 솔, 졸, 소풀 등으로 다양한데, 이 안에는 각 지역마다 민속적 상상력에 바탕을 둔 서민들의 애환이 스미어 있다. 솔, 졸 소풀로 발음하면 혀의 움직임을 타고 나온 바람이 입술을 스칠 때마다 새로운 정감이 푸른빛으로 펼쳐지기 때문이다.

시 구절에 하나의 방언을 새겨놓으면 그것은 영원히 그 작품 속에 살아 있게 된다. 이렇듯 우리시대 시인들은 우리 고유 언어를 발굴하여 영원히 살아있게 하는 시인의 사명에 더욱 더 충실해야 한다.

빨리 크고 싶다

정진규 (1939~)

빨리 크고 싶다
네 살 손자의 말
빨리 크고 싶다
뒷밭 겨우 싹 터 오른
해바라기의 초록 말
둘 다 방금 싹 터 오른
초록 말
빨리 크고 싶은 말
초록으로 달리고 싶은 말
걱정들 말거라
손자야 해바라기야
너희들이 하고 싶은 것들
학교 가서 소리소리 읽고 싶은 국어 책
반짝반짝 닦고 싶은 유리창
쑥쑥 자라 올라
만지고 싶은 앗 뜨거!

햇살 둥근 얼굴
손자야 해바라기야
금방이란다
서둘다 넘어지면
무르팍 피날라
할아버지 무르팍엔
아직껏 흉터 있단다

칠순에 이른 할아버지가 네 살 손자에게 보내는 이 지극한 사랑. 아하, "빨리 크고 싶다"는 말. 세상 모든 어린 싹들이 이 말을 먹고 자랐다. "빨리 크고 싶다"는 이 말은 곧 어린 생명을 키우는 힘. 어찌 이 말없이 땅 속에 묻힌 작은 씨앗은 싹터오를 수 있으며, 메마른 화살나무 가지도 아기 젖니처럼 새 싹을 밀어낼 수 있으랴. 이 말 입에 올리지 않고서 어찌 우리 눈부신 성장으로 발전해 올 수 있었으랴. 그런 즉 모든 인류를 이끌어온 동력은 바로 이 말에 집약돼 있는 것이다.

할아버지에게는 방금 싹 터 오른 해바라기와 손자가 똑같이 소중한 생명이다. 하여 이르기를 너희들이 하고 싶은 것들,

소리소리 읽는 국어 책, 반짝반짝 닦는 유리창, 너희들이 쑥쑥 자라 올라가 만지고 싶은 저 뜨거운 태양. 새싹들 "앗 뜨거!" 파닥 데인 손을 떼는 반사작용. 그때 하늘의 태양은 까르르르르 떼 웃음을 쏟아놓았으리. 그 소리 먹고 세상의 어린 싹들은 우쭉우쭉 자랐으리라.

할아버지가 이르는 "금방이란다", "무르팍 피날라"는 사랑의 말, 서둘지 마라는 마음. 아직 생을 모르는 손자에게 무르팍의 흉터를 내보이며 이르는 할아버지의 이 느긋함? 어쩌면 그것은 손자가 클수록 칠순의 할아버지는 그만큼 더 석양 쪽으로 다가서야 할지니. 그러기에 할아버지 심정은 네 살 손자의 예쁜 표정을 영원히 보고 싶은 것이다. 지금의 기쁨 이대로 누리며 손자의 재롱을 오래도록 맛보고 싶다는 마음 간절한 것이다.

기쁨

나태주 (1945~)

난초 화분의 휘어진
이파리 하나가
허공에 몸을 기댄다

허공도 따라서 휘어지면서
난초 이파리를 살그머니
보듬어 안는다

그들 사이에 사람인 내가 모르는
잔잔한 기쁨의
강물이 흐른다.

우리가 난초 화분 하나를 가까이 두고 기꺼워하는 것은 난초의 기품과 그 여유를 누리기 위한 일이다. 우리가 상대에게 난초 화분을 선물하는 마음은 난초의 기품과 여유를 누리며 살라는 뜻일 것. 갑자기 난초의 서늘한 그늘이 이마에 와 닿는다. 그윽한 난초 향이 무시로 번져 온다.

언젠가 난초의 휘어진 이파리 위에 마음을 올려놓아본 적 있다. 천천히 마음을 하나로 모아서 가녀린 이파리 위에 올려놓으니 난초의 이파리가 휘청하고 더 휘어지는 것을 느낄 수 있었다. 그렇게 마음의 움직임을 받아 안고 떨려오는 저 속 깊은 생의 밀물이여.

시인은 사람들이 쉽게 볼 수 없는 것을 보고, 들을 수 없는 것도 들어야 한다고 했던가. 하여 시인은 난초 이파리와 허공 사이의 보이지 않는 교감을 눈치 채고 그 울림을 은밀히 엿듣고 있구나. 이제 시인의 섬세한 감성으로 난초 이파리와 허공 사이에서는 무수한 기쁨을 피워 올린다.

알고 보니 난초가 허공에 기대는 믿음이 저 아름다운 곡선을 만든다. 난초의 휘어진 곡선을 따라 번지는 파동이여. 지구의 둥근 원이 여기에 와 닿고, 우주의 팽창하는 힘도 여기에 이어진다. 난초 이파리 사이마다 둥 둥 둥 북소리 울리며 번지는 침묵. 이 시에 가득한 여백의 미학은 난초 이파리 사이로 허공이 감싸 안는 무한공간일 것. 오, 느낄 수 없는 것을 느끼는 이 순간의 극진한 세계여. 진정한 기쁨이란 이런 것일까.

짐에 관하여

김영남 (1957~)

등에
무거운 짐을 지고 나서야
길을 제대로 갈 수 있다는 걸 알았네.
강물에 떠밀리지 않고 건너 목적지에
예정대로 닿을 수 있다는 걸 알았네.
그동안 가벼운 짐을 지고서
바퀴처럼 미끄러지고 헛돈 삶
오직 나를 위한 제자리였음을
뼈아프게 깨닫네.

이제 나는
등에 큰 짐을 지고서
남을 사랑한다네.
그 무거움으로 남을 용서한다네.

길을 나서며 걸음 가볍게 짐을 진 자여. 그대 다시 돌아가 두 어깨 가득 짐을 지고 나오라. 이 세상에는 누구나 지고 가야할 짐의 일정한 양이 있는 법. 우리들 짐은 모두 똑같이 나누어지는 것이다. 누구나 감당해야 할 짐이 있거늘, 그대 가벼이 짐을 지면 남은 짐은 누군가 더 져야 하는 법이다.

육체를 넘어서는 것 오로지 마음인 즉, 그대 가볍게 진 짐은 곧 세상에 대한 가벼운 관심을 낳는다. 그대 작은 짐은 세상의 무관심에 닿는다. 그대 어깨 가벼우면 이 세상 모든 짐도 가벼운 줄 알아 뒤돌아보지 않는다. 옆 사람도 살피지 않는다. 다만 앞으로 달려가며 세상살이 왜 이리 수월하냐고 소리치며 제 안에 갇혀 두 눈이 멀리라.

보라. 남의 짐을 내가 진다는 것은 세상 아픔 내가 갖고, 기쁨은 남에게 나누어 주는 것이다. 스스로 견디는 무거운 짐으로 길은 더 속력을 내고 온몸에 힘이 넘치리. 참다운 기쁨이란 바로 이런 것. 무거운 짐 지고도 똑바로 길을 갈 수 있는 것이니, 세상의 어떤 물살에도 절대 떠내려가지 않는다.

그대 큰 짐을 지고야 사람을 더 사랑하게 되고 남과 함께 어울려 걸어가는 법이다. 서로의 작은 짐도 모이면 세상을 굴리며 가는 힘, 급기야 그 무거움으로 남을 용서하게 되는 것이다. 이제 우리 짐을 나누어지자. 나누는 만큼 사랑은 늘고 무게는 주는 법이다. 이웃들이 모르게 무거운 짐 한 줌씩 내가 더 지고 가자.

방문객

정현종 (1939~)

사람이 온다는 건
실은 어마어마한 일이다.
그는
그의 과거와
현재와
그리고
그의 미래와 함께 오기 때문이다.
한 사람의 일생이 오기 때문이다.
부서지기 쉬운
그래서 부서지기도 했을
마음이 오는 것이다 — 그 갈피를
아마 바람은 더듬어 볼 수 있을
마음,
내 마음이 그런 바람을 흉내 낸다면
필경 환대가 될 것이다.

곧이어 대학가에는 새로운 발길로 넘칠 것이다. 입학 추위 몰려와 샘을 내는 꽃샘 속에도 아직 서툴지만 풋풋한 미소들 캠퍼스 곳곳에 가득할 것이다. 그 호기심 찬 눈망울 닿는 곳마다 새로운 영토가 열릴 것이다. 이렇게 대학 교정은 봄꽃이 피기 전 웃음꽃들 지천으로 활짝 피어나는 까닭이다. 3월이 활력 있는 것은 봄꽃 전에 수천 송이 웃음꽃이 한꺼번에 피어나기 때문이다.

한 사람이 온다는 것은 그의 과거와 현재뿐 아니라 그의 미래와 일생이 오는 것이라 했다. 또한 섬세한 마음도 함께 오는 것이니 삶이 힘겨운 시대에 청춘이라 아픈 게 아니라 아프니까 청춘이라 했다. 그러나 그대들 두려워하지 말라. 분명 대학은 그대들이 또 다른 미래로 나아가는 문일지니. 잠시 시련과 고통이 따를지라도 지치지 말고 진정한 그대를 찾아 그대 안으로 과감히 달려가라.

예전엔 한 사람의 손님, 방문객 한 사람으로도 가족이 활력으로 넘쳐 났거늘. 그대들 새로운 불꽃들이여. 지축을 울리며 캠퍼스를 뒤흔들어라. 새봄의 뮤즈도 그대들 위해 신대륙에 봄을 불러올 것이다. 그대들만의 꿈과 야망을 품어라. 그러나 그대들 다만 방문객 아닌 누구보다 대학의 진정한 주인일진저. 잠긴 대학을 깨우고 이 나라 묵은 지성의 곳간을 과감히 열어

젖히라. 그리고 새로운 유토피아로 나아갈 은빛 위대한 바다를 헤쳐 가야 할 주인공이 되어라.

펜

오진원 (1981~)

'펜' 자를 해석해 보면
'ㅍ'은 감옥 같고
'ㅔ'는 열쇠 같고
'ㄴ'은 의자 같다.

그러니까 펜이라는 건
열쇠로 감옥을 열고
의자에 앉으라는 뜻이다.

글을 쓴다는 건
자기 안의 감옥을
스스로 열고

마음의 의자에
앉는다는 것일까?

1981년 울진 출생, 2000년 한남대학교 문예창작학과 입학, 대학 1학년 때 한남문학상 시 당선, 수많은 백일장을 석권. 2005년 문학과지성사에 장편동화 『플로라의 비밀』로 당선. 2006년 최연소 대산창작기금, 2007년 문예진흥기금 수혜. 그간 펴낸 작품집은 장편 『플로라의 비밀』과 『꼰끌라베』, 『파파스』 3권, 8인 작품집 『라일락 피면』 그리고 2011년 문학과지성사 동시집 『그래도 나를 사랑해』 출간. 이 시를 쓴 오진원의 약력이다.

한 천재의 놀라운 상상력과 열정은 그 자체만으로 우릴 경악케 하거니와, 그의 동시집에 수록된 「펜」은 다시 우릴 놀라게 한다. '펜'자의 모음과 자음을 분철하여 '감옥', '열쇠', '의자'로 치환하고, 스스로 그 안에 들어가 앉는다. 그리고 밖으로 열쇠를 던져 세상과 기어이 절연해버렸으리. 스스로의 감옥 속에 갇혀 백지의 공포와 싸우며 하나의 왕국을 새로이 건설했으리. 자신의 한계를 넘어서고자 작가는 히말라야의 재두루미처럼 더 높은 곳으로만 나래 치며 오르는 자이거늘.

이 시에 드러나는 치열한 작가 정신. 작가는 매일 펜을 들고 언어 속에 갇히는 자다. 오진원은 그 혜안으로 쉬지 않고 창작활동을 펼쳐왔다. 앞으로도 그 창작열 끝까지 이어져 노벨 문학상에 가닿을지어다. 『언어의 감옥』을 쓴 프레드릭 제임슨은 반드시 기억하라. 그리고 언어의 감옥 안에서 진정 자유로운, 이 천재 작가의 손에 들려 있는 '펜'을 보라!

물고기

함민복 (1961~)

부드러운 물
딱딱한 뼈
어찌
옆으로 누운 나무를
몸 속에 키우느냐
뼈나무가 네 모양이구나
바늘 잎새 참 가지런하다

물살에 흔들리는
네 몸 전체가
물 속의
또 하나의 잎새구나

이 시는 즉물적 상상력으로 축조된 바, 그것은 관념으로 출발하지 않고 대상을 자세히 바라보고 관찰하며 시적 상상을 펼치는 것이다. 인간에게 상상력이란 일상적 사고의 영역을 허물고 좀더 깊고 넓게 볼 줄 아는 지혜를 주는 신비의 영약이다. 그것은 누구라도 사고할 수 있는 평범한 수준을 넘어서 사물의 본질에 더 깊이 다가서게 하는 힘이다. 그 결과 상상력은 우리 생의 진실을 새롭게 일깨우는 묘미로 작용한다.

인류 역사를 일구어온 건 이성과 지성의 힘이 크지만, 그것도 상상력으로 발아되고 싹을 틔워 꽃피는 과정이 필요하다. 21세기 학문의 융복합적 사유에 상상력의 중요성은 무엇보다 크다. 최근에는 몸과 마음을 살리는 기적의 상상치유가 큰 관심을 끌거니와, 암과 불치병을 상상으로 극복한 사람들이 전하는 기적의 상상치유가 놀랍다.

시인은 물고기 뼈를 보고 나무를 생각한다. 물고기 외형과 물고기 내부의 뼈대를 나무와 잎새로 연상한다. 언뜻 시인의 발상은 단순해 보이지만 예사롭지 않다. 시인에게 생물과 동물의 세계는 하나로 연속된다. 상상력은 우리의 갇힌 사고를 확장시켜 또 다른 우주를 펼쳐 보인다. 시인의 상상력은 상투성과 진부함을 벗어나 문학의 감동을 키운다. 그것은 일상언어가 표현하는 한계를 벗어나게 하는 비밀스런 영토다. 이 시인이 보여주는 상상력의 들녘은 누구보다 넓다. 그의 놀라운 상상력과 언어의 순발력은 독자를 어디까지 끌고 갈 것인가.

안부
-김완하에게

고 은 (1933~)

잘 있겠지 탈 없겠지라는 안부가 사람의 한계일 수밖에

여기도 별 탈 없다네
저 건너 서운산도
마른 안성천도
발 앞의 한천도 그렇다네
이번 겨울 한 자쯤으로 두꺼운 얼음 왔다네
이쪽으로
저쪽으로
한천 위 사내싸게시리 걸어갔다네
걸어갔다 걸어왔다네

자네 어릴 때
대소쿠리로 떠내던
그 피라미 현손녀 현손자들도

얼음 밑에서 너나들이 알이알이로 자란다네
이런 다음에야
새 세상 나와
포롱포롱 물 위로 이쁜 주둥이
더러 내보이기도 한다네
영락없이
황새란 놈이 그때를 노린다네

자네의 고향 자네 어릴 때라면 얼마나 좋은 덴가
거기까지라면

나 스물일곱에 스승을 뵈어 시를 배우고 등단하여 지내온 지 몇 년인가. 시에 눈떠가는 제자를 보고 스승은 또 얼마나 기뻐하셨던가. 그때마다 스승은 크나큰 격려 아끼지 않았다. 등단하던 해 추석에 축배를 건네주시며 자, 이제 10년을 밀고 가라, 그리고 다시 또 10년을 밀고 가라 크게 일러주던 말씀. 스승은 언제나 내게는 스스로를 다그치는 채찍인 바, 시에 게으를 때면 스승의 방향으로 마음 두고 재차 초심을 다지곤 했지. 스승은 아직 만년 젊음의 청청한 빛으로 시를 쓰고 또 흔쾌히 술도 드신다. 대저 안부란 무소식이 희소식이라 했던가. 아직 그 제자 안부 한 번 제대로 여쭙지 못하였거늘 스승은 시를 통해 제자에게 친히 안부를 전해오셨다.

스승이 한천 위 한 자 두꺼운 얼음 위를 '사내싸게시리' 걸어갔다 걸어오며 제자를 생각하는 뜻. 스승은 그 겨울 속에서도 봄을 내다본다. 얼음 밑에 자라는 피라미 새끼들 포릉포릉 물 위로 이쁜 주둥이 내보일 때도 예감한다. 황새란 놈 영락없이 찰나를 노리는 그 순간도 앞서 본다. 피라미로부터 황새로 이어지는 생명의 저 둥근 고리. 얼음 얼었다 녹으며 이어지는 자연의 숨결. "잘 있겠지 탈 없겠지". 스승의 안부 속에는 시인 노릇 잘 하고 있느냐는 더 큰 뜻이 담겨 있을 터. 이제 그 스승은 30년의 안성시대를 마감하고 수원으로 이주하여 수원시대를 새롭게 열고 계시다.

웃는 돼지머리

주용일 (1964~　)

중앙시장 순대골목 진열장에는
얼굴 가득 미소 띤 돼지머리가 수두룩하다
대웅전 부처님처럼 거룩하다
생사를 놓아버리고
모든 집착에서 벗어났다는 표정이다
웃음 직전까지의 번뇌는 생략되었기에
목을 지나간 칼날의 날카로움을
사람들은 헤아리지 못 한다
두 눈 지그시 감고 골목 내다보며
유리 상자 안에서 돼지머리가 웃는다
목 잘린 무수한 여래들이 웃는다

대저 시인의 눈길은 그 어디라도 가 닿는 곳에서 시를 피워내는가. 시인은 중앙시장 순대골목으로 나아가 한 편의 시를 피웠다. 어떤 시인은 오월의 자작나무 이파리를 보고도 삼거리 술집의 삶은 고기처럼 순하고 싶었다 하였다. 죽음 이후에도 웃음을 놓지 않고 얼굴 가득 피워놓은 저 돼지머리를 보라. 돼지는 끝내 마지막 순간의 그 고통도 웃음으로 바꿔 새겨놓았을 터이다. 그 머리 앞에 잠시 젖은 삶으로도 엄살 부리며 절을 하는 인간들에게 돼지머리는 또 어떤 웃음을 지을지. 세상의 웃음 잃은 자들은 모두 중앙시장 순대골목으로 나와 저 돼지의 웃음을 보라. 그것은 집착을 끊어버린 돼지의 마지막 평안이 깃든 모습이라 하겠다. 시인이 하필 돼지머리에서 '번뇌의 생략'을 읽어내는 것은 '해탈'이 그만큼 찾기 힘들다는 역설적 표현일 것이다.

시인은 세사에 매이지 않고 떠도는 존재인지 모른다. 시를 찾아 어딘가로 달려가는 자. 하여 주용일 시인은 이렇게 세사에 얽매이지 않던 시인의 표상이었던 바, 이제 그를 만나고 싶다. 누군가는 한동안 무주에 머물며 시를 일군다 하였고, 그의 집 옆에는 농사 지을 밭이 있다고 하고, 또 누군가 어느 낯선 곳에 가서 그를 만났다고 하였거늘. 주용일 시인이여, 이제 시가 좀 익었거들랑 세상으로 나오시라. 그 산채나물과 비빔밥의 맛 혼자만 즐기지 말고 우리도 함께 동참하게 하시라.

참매미

박용래 (1925~1980)

어디선가
原木 켜는 소리

夕陽에
原木 켜는 소리
같은
참매미
오동나무
잎새에나
스몄는가
골마루
끝에나
스몄는가
누님의
반짇고리
골무만한

참매미.

이 세상에 존재는 숨기고 소리로만 자신을 드러내는 것들이 있다. 어쩌면 이런 자세야말로 진정한 예술가의 것이 아닐까. 봄의 뻐꾹새가 그러하고 여름의 매미 또한 그렇다. 뻐꾹새는 먼 산에 숨어 봉우리 봉우리를 울리지만, 매미는 우리 곁 더 가까운 나무에 와 운다. 나뭇잎이 점점 허공을 메워가며 조만간 우렁찬 매미의 계절이 돌아오리니. 우리 주변의 소리를 잠시 끊고 자연의 심장에 귀 기울여보자.

새까만 반짇고리 골무만한 매미는 제 몸보다 수천 배 더 큰 소리로 이 세상을 질타하는 제왕. 미루나무 숲 전체를 통째로 울리고 나면 매미는 가지 끝에 매달려 새까만 고독 속에 제 나래를 묻는다. 그렇게 이 세상 모든 울음은 다 어딘가에 기대어 우는 법이다. 하여 소리만 쫓지 말고 그것이 기대어 우는 곳으로 눈길 돌려야 하리. 그 생명의 본 바탕을 울리는 슬픔을 눈여겨 보아야 하리.

박용래는 2012년 말에 개관한 대전문학관 상설전시관에 오른 시인. 그의 시는 현대 시사에 간결과 절제의 미학으로 한껏 개성을 뽐낸다. 이 시 또한 과잉된 언어의 치장을 아예 비워버리고 깡마른 행의 전개로 의미를 제시한 바, 시 행 하나 하나는 차라리 하나의 이미지일 뿐이다. 세상이 소란스러운 소리로 가득 찬 때 문득, 간결한 이미지로 시를 새긴 박용래의 시가 더 그립다. 그의 시는 의미를 비워서 시를 더 풍요롭게 했으니, 그것을 일러 세상 우둔한 이들은 여백의 미학이라 평하는 것이다.

떠나서야 들리는 말

공광규 (1960~)

가문 봄 개심사 연못 바닥이
갑골문으로 쩍쩍 갈라지고 있었지

더듬더듬 문장을 읽어가다가 수련 잎 그늘 아래
올챙이들이 주둥이를 처박고 발버둥치고 있었지

흙탕물에 대가리를 처박고 사생결단으로
도시 노동자처럼 옆에 있는 동료들을 밀어내고 있었지

나는 연못 위에 걸친 외나무다리를 건너 법당 쪽으로 가다가
생수병에 남은 물을 부어주었는데

지쳤던 꼬리지느러미를 흔들며 입을 뻐끔대며
뭐라고 뭐라고 말을 걸어오는 올챙이들

연못을 떠나와서야 나는 그 말을 알아들었지
고맙다 고맙다 고맙다

나의 갈수기에 생수를 부어준 당신도
나를 떠나서야 내 말을 알아듣겠지, 고마워!

어느새 봄 지고 여름 성큼 다가섰다. 신록들 자못 풍요로워지고 있다. 어디로 가도 푸른 천국, 그러나 올챙이 한 마리에게도 생의 처절한 순간이 있는 법이다. 개심사 연못에 봄이 가문 한 때, 피었던 꽃들 다 지고 신록으로 깊어져 가는 때다. 몇줌 흙탕물에 모여 서로를 밀어내며 몸부림치는 저 올챙이들. 그걸 보고도 시인은 도시 노동자를 떠올린다. 그만큼 우리 생은 가파르거니와 생은 또 그렇게 외나무다리 위에서 만나지는 법이다. 시인은 법당 쪽으로 가다가 마시다 남은 생수를 부어준다. 이 작은 보시에도 올챙이들은 꼬리를 흔들면서 파닥거렸을 것이다. 시인에게 뭐라고 뭐라고 말을 걸어왔을 것이다. 그러나 그때 시인은 제 갈 길이 바빠 그 말 알아듣지 못했다. 시인과 올챙이 사이는 외나무다리 건너 법당 쪽으로 난 길보다 더 먼 거리가 존재하는 까닭이다.

언제라도 깨달음은 그렇게 늦게 더디 오는 법, 시인은 연못을 떠나서야 그 말의 뜻을 새긴다. 올챙이들이 쏟아놓은 "고맙다 고맙다 고맙다"는 바로 그 말을. 그리고 시인은 이어 또한 순간을 새기는 것이다. 그대여 나는 알았다. 나에게 고맙게 다가온 그대도 나를 떠나서야 내 맘을 알아차렸을 것이라는 그 사실. 나의 목마름에 생수를 부어주신 당신, 내가 전한 그 마음을 나를 떠나서야 알아듣겠지. 봄을 넘기란 저리 힘든 것이다. 어느새 성큼 다가선 여름. 이제 주변의 어딘가에 우리 모두 손을 내밀 때이다.

노래

유자효 (1947~　)

천 근 아침을 팔아
만 근 저녁을 사다

세상에 있다고 다 가질 수 있으랴
내 것이라고 다 가져갈 수 있으랴

그러나 분명 내 것은 있고
내 것이 아닌 것도 분명 있으니
아침엔 버리고
저녁엔 구하리

천 근 아침을 팔아
만 근 저녁을 사다

가장 큰 노래 속에는 가장 심오한 삶의 숨결이 사는 법. 가장 높은 노래 속엔 더 높은 생의 의지가 스미는 법. 또한 가장 깊은 노래 속에는 깊디깊은 삶의 이치가 굽이치는 법이다. 그런즉, 이 아침에는 버리고 저 저녁에는 구한다? 세상에 진정으로 행복한 자 많이 갖지 않아도 풍요로 넘치는 자, 진정으로 불행한 자는 많이 갖고도 마음 심히 가난한 자일 것이다. 이렇게 하나의 노래 속에 세상 이치와 참된 삶의 이법을 아로새겨놓은 시인의 재치와 지혜가 놀랍다. 아침 꽃을 저녁에 줍는다고 한 건 중국의 문호 루쉰魯迅이고, 천 근 아침을 팔아 만 근 저녁을 산다 한 것은 한국의 유자효 시인이다.

아침에 한 깨달음 얻으니 그것은 필시 천 근 아침을 판 것일 테고, 그 깨달음으로 저녁을 맞이하니 그건 만 근 저녁을 산 것일 테다. 아침엔 버리고 저녁에 구한다 했으니, 하루는 비움으로 시작하고 하루 끝에 구하는 게 진리인 셈이다. 길을 가며 처음부터 구하면 무거워 그 길 가지 못하고 비척일 게 빤한 이치 아닌가. 길을 가기 위해 비워야 하는 자연의 순리를 아는 까닭이다. 생각을 하면서 머리에 많은 잡념을 채우면 종내 아무 깨달음 얻지 못할 것이다. 찰수록 깊어지고 넘치지 않는 게 우리의 지혜요 깨달음인데, 이 세상은 왜 이리 소란스런 지식으로 자리만 구하는 것인가. 헛된 망상만이 넘치는 것인가. 분명 내 것은 있고 또 내 것이 아닌 것은 있다.

삼팔선에 관하여

권혁웅 (1967~)

그건 휴전선이 아니었지
우리는 한 번도 전쟁을 멈춘 적이 없었다네
알이 굵은 연필이나 면도칼을 들고
적이 선을 넘기만 기다렸지
적에게 먹칠을 하거나 적의 물품을 노획하려고
레이스 달린 치마를 고집했던
그 표독한 여자아이에게는 어째서 그토록
넘어올 게 많았는지
공책 한 귀퉁이에서 머리띠까지
동족상잔의 결과로 무참히 잘려나갔네
담임이 우리 사이에 설정해둔
책상머리에서 인위적으로 강제적으로 그은 선
왜 그걸 삼팔선이라 부르는지 이제야 알겠네
그때 넘어온 건 아이를 대신하는 물신物神,
내가 평생을 기다렸던 광땡이었다네
그 아이는 넘을 수 없는 선을 넘어

내게로 월남했던 거라네

어린 날 초등학교 시절 하나의 책상을 둘이 함께 쓸 때, 그 책상 한 가운데를 칼로 그어 두고 서로 넘지 못하도록 경계하곤 했다. 상대가 조금이라도 선을 넘으면 그걸 용납지 않고 가차 없이 물건을 빼앗기도 했다. 흑백사진 속에나 등장하는 그 책상과 그 선 이제는 사라졌으나 어쩌면 그 선은 우리 가슴에 그어진 채 선명히 남은 게 아닐지.

삼팔선은 삼팔선에만 있는 게 아니라 한다. 클로버가 잔디밭에만 있는 게 아니듯 말이다. 더 큰 삼팔선은 눈에 보이지 않는 법. 우리 마음속에 숨은 삼팔선이 더 무섭고 고독한 것이다. 휴전선 앞에서 “꼭 한 번은 천둥 같은 화산이 일어날 것을” 두려워 한 시인 박봉우가 떠난 뒤에, 곪은 상처도 품고 살다보니 몸의 일부로 돼버린 것인가. 삼팔선도 한반도를 구성하는 하나의 장치로 끝내 당연시되고 있는데 실은 그게 더 큰 삼팔선이다. 그 사이 저 철옹성으로 굳어버린 휴전선을 보라.

사는 게 전쟁이라 말하면 너무 과하다 싶다가도, 또 한편 생각하면 사는 게 전쟁이 아니라 말하지는 못 할 듯싶다. 아,

이 전쟁 속에서도 우리 표정은 너무 태연하고 한 밤의 잠은 턱없이 깊은 게 아닌가. 오늘이 바로 6.25 한국 전쟁이 일어난 지 63년째 되는 날이다.

시 쓰다가

이관묵 (1947~)

시 쓰다가 부러뜨린 손목
시 쓰다가 금 간 갈비뼈
시 쓰다가

시 쓰다가 골절된 안개
시 쓰다가 마모된 마음의 연골들

들고 가 의사에게 보였더니
사진 몇 장 찍는다

시간을 깁스합니다
삶에 새살 돋을 때까지 당분간
시 입원시키세요

얇은 셀로판지도 양면이 있는 법. 세상의 모든 이치는 두 개의 극과 극이 만난다. 끝내 극과 극은 통하는 것이다. 한 사람의 화려한 미소 뒤에는 언제나 그것을 받드는 무수한 손이 있고, 호수를 기름지게 하는 백조의 우아함도 물속에 드리운 그의 고독한 물갈퀴의 움직임으로 가능한 것이니. 보라 시인들이 피를 잉크 삼아 써놓은 저 언어의 금강석을. 그러나 또한 잊지 말라. 시인들이 몇 삼태기씩 부려놓은 폐지의 저 산더미를. 그 산더미 날로 쌓여갈 때 비로소 시 한 편 그대 앞에 다가와 앉으리니. 시인은 얼마나 많은 시간을 고뇌의 숲에서 헤매어야 하는 것일까. 한밤 내 빛이 보이지 않는 동굴 속을 파헤치는 탄부가 되어야 하는 것일까.

그러나 이 시대 여유와 사유는 사라진 것인가. 누구나 느림과 비움을 외쳐도 우리 시인들조차 그러지 못한 게 아닌가. 시를 쓰다 부러지는 손목과 금이 가는 갈비뼈, 안개는 골절되고 마음의 연골은 마모된다. 그리하여 시인들 의사에게 처방을 받는다고. 시간을 깁스하고 삶에 새살 돋을 때까지 시를 입원시키라니? 시는 언어로 제작되어야 한다고도 하거늘. 이 시대는 시조차 영혼이 없는 망치로 뚝딱뚝딱 두드려 만드는 건 아닌지. 정말 시를 입원시켜야 하나!

지팡이

박덕규 (1958~)

노약자 석에 앉은 한 사내가
고개를 앞으로 꺾고
이마를 지팡이에 대고 힘차게 밀고 있다.

지팡이는 부러지지 않을 것이고
전동열차 바닥은 뚫어질 리 없지만

사내는 끙끙대며 지팡이를 밀어 보고 있다.

뿌리도 길게 늘이지 못하고
가지도 시원스레 뻗지 못한 채
오직 흠투성이 몸통만으로 자란 나무도

때로는 자신을 밀어올린 땅바닥을 향해
온몸으로 저항하고 싶은 때가 있는 것이다.

인간에게는 자연의 생태를 왜곡시켜 그것을 즐기는 취향들도 있다. 그 가운데 하나로 분재는 사람들이 나무의 성장을 억제해 그 기형을 즐기는 악취미다. 지팡이도 시원스레 자란 나무보다는 옹이 많고 매듭 많은 나무로 만들기를 선호한다. 그렇게 사람들 지팡이의 꼬이고 뒤틀린 부분을 매일 손으로 어루만지며 가야 할 길을 묻고 나아갈 지혜를 구한다.

전동열차 노약자석에 앉아 고개를 꺾고 지팡이에 이마를 대고 미는 사내는 지금 바닥을 통해서 길을 찾는 중이다. 그러니까 전동열차 바닥을 온몸의 지팡이로 미는 한 사내의 힘으로 전동열차는 달리는 것이다. 그때 사내가 걸어온 길과 달리는 전동열차 길이 하나로 이어지고 포개지면서 길은 길속으로 또 하나의 길을 펼치는 게 아닌가.

그렇게 전동열차 안으로 이어지는 나무들의 뿌리와 줄기가 뒤엉키며 지하의 열차는 힘차게 달리는 것이다. 그러니 잊지 말라. 우리가 달리는 모든 길은 뿌리 길게 늘이지 못하고 시원스레 뻗지 못했던 나무들의 못다 한 희망이 피워내는 꿈의 궁전이라는 것을. 사방팔방 흩어지고 뻗어가는 뿌리와 줄기로 지하세계는 굳게 다져지는 것. 그러니 지하에서 발견되는 많은 유적도 알고 보면 한 사내의 지팡이가 키워낸 흔적일 것이다.

호상好喪

김희정 (1967~　)

나이를 먹다보니
돌 찬치나 결혼식보다
상갓집에 더 많이 간다
문상을 하고
상주에게 습관처럼 묻는 말이 있다
"아버님 연세가, 어머님 연세가."
구십을 넘겼으면
호상이라고 위로했다
고인이 오랜 투병생활까지 했다면
가족이 고생 많았을 거라는 말을
덤으로 올려놓았다
나도 여든 넘은 엄마가 있는데
여든이든 아흔이든
아버지가 떠났는데, 엄마가 떠났는데
상갓집에서 막말을 했다

백수의 시대를 지나 왕수의 시대가 되었다 한다. 이제는 나이 드신 분들에게 백수를 누리십시오 해서는 위로가 되지 않고 왕수를 누리십시오 해야 예의에 어긋나지 않는다는 말이다. 이야기인 즉 왕王자의 가로 획의 숫자가 111과 유사하니 왕수란 111세를 의미하는 것. 그러니 100세란 이미 장수의 개념이 아닌 셈이다. 111세는 되어야 장수가 될 수 있다는 뜻일 터. 아닌 게 아니라 조만간 우리는 왕수의 시대를 맞이하게 될 지도 모른다.

그러나 부모가 왕수를 누리고 돌아가신다 한들 아쉬움은 한이 없는 법. 자식에게 그것은 너무 감당하기 어려운 일인 것이다. 자신의 생에서 경험하게 되는 최악의 고통일 것이다. 그것은 자신의 존재기반이 붕괴되는 일일 지도 모른다. 그런 상황에서 우리는 어떠한 말을 해도 상대를 위로할 수는 없을 것이다. 이러한 상황은 언어의 한계를 느끼게 하는 순간이다. 아무리 정확한 언어라도 그 상황을 관통하지 못하고 비껴갈 수밖에 없을 때, 그래도 우리는 무언가 말을 통해 의사를 전달해야 하니 그 참담함이란. 엊그제도 나는 상가 두 곳을 다녀왔다. 한곳은 엄청난 수의 화환이 출구를 막고 있었다. 또 한곳은 몇 사람만이 상가를 지키고 있었다.

벽

신달자 (1943~)

돌아눕고 돌아눕고 돌아눕다가 슬며시 벽 안으로 든다
벽 안에 들자 다시 벽 앞에 누웠다 다시 캄캄 다시 캄캄

돌아눕고 돌아눕고 돌아눕는데 다시 벽 안으로 스며들다
벽은 내부가 없는 것인가 아무리 들어도 벽 앞이다

저기까지 여기까지 벽이었나
벽을 통과해서 아무리 벽을 벗어나도 굴러도 굴러도 굴러도 벽 앞이다
내가 사라져도 벽은 남는다

벽도 열면 문이 되고 문도 닫으면 벽이 된다. 허공에도 창을 내면 길이 열리고 풀밭에도 담을 치면 벼랑이 솟는다. 벽을 향해서 돌아눕는 자여 그대는 누구인가. 그대가 등 돌려 돌아눕는 순간 그대는 이미 벽 앞에 누운 또 하나의 벽이다. 이 세상 등진 자들이여 그대들의 등 뒤로는 또 하나의 벽이 강물처럼 굽이친다. 바로 그대 앞의 작은 풀잎 하나에 손을 내밀어라. 그대 앞에 무수히 꽃을 여는 저 여름 배롱나무에게 마음 크게 펼쳐라.

이 세상의 벽은 다 우리가 돌아누운 순간 솟아난 것. 우리가 마음을 닫는 순간 모든 것은 절벽 속에 갇히고 마는 것이다. 그동안 우리가 돌아눕고 별을 잃어버린 지 얼마나 되었던가. 우리 옆으로 흘러가는 도랑물 소리를 잊은 지 그 얼마인가. 또한 시냇물이 강으로 가는 줄을 잊은 지는 또 얼마나 되었던가. 그 강 옆에 선 갈대를 잊은 지는. 그러니 이제 그대 돌아누운 벽으로부터 다시 반대로 돌아누워라. 이 세상의 모든 살아 있는 생명을 향해서. 그리고 그대가 보듬어야 할 사랑의 사랑의 마음으로 포옹하라.

음악파일

윤성택 (1972~)

당신은 칠월의 편린과 폭염을 기록하며
팔월의 숲으로 여행을 떠난다
나이테에 제 일생을 녹음하는 나무들
매해 잎들이 매달려 음표처럼 흔들리곤 하지만
계절이 두고 간 끝은 연주하지 않는다
나는 볕드는 의자에 앉아 가방을 챙기듯
마음을 접은 사람이다, 구름의 갈피 안에서
지도의 일부처럼 발견되는 오후
한 발자국도 뗄 수 없는
기다림이 빙글빙글 LP판을 돌린다 잠시
새들이 날아와 제 부리를 깃 속에 내려놓는다
그늘이 사랑한 음音
각기 흔들리는 나선의 근황들,
당신은 다가오거나 지나치고 있다

칠월이 가고 어느새 팔월이 오고 있다. 경북 안동이 고향인 민족시인 이육사는 그의 고향 칠월을 청포도가 익어가는 시절이라 노래했다. 그러나 우리에게 칠월은 여유와 낭만이 아니라 늘 시련으로 오고 간다. 장마로 무너진 산사태와 가옥의 침수 그리고 건물의 파손 등은 많은 사람들에게 고통과 절망을 안겨주었다. 사건과 사고로 여러 명의 인명피해도 속출하였다. 이제 빗물에 얼룩진 곳에도 쨍쨍한 팔월의 땡볕이 내려쬘 것이다. 그러기에 팔월의 염천과 폭염을 건너기 위해서는 무엇보다 우리에게 그늘이 필요하다.

우리 모두는 서로에게 그늘이 되어주자. 나는 너에게 너는 나에게 잊히지 않는 그늘이 되자. 절대로 어느 시인의 시를 패러디한 것이 아니다. 그만큼 우리에게는 그늘이 중요하다는 뜻이다. 우리들은 서로에게 영원히 잊히지 않을 하나의 그늘이 되도록 하자. 시인은 나이테를 나무들이 제 일생을 녹음한 음악파일로 상상하였다. 그러나 나무들의 나이테를 자세히 살펴보면 그것은 나무들이 이 지상에 드리운 그늘의 흔적인 것이다.

북

나호열 (1953~)

북은 소리친다
속을 가득 비우고서
가슴을 친다
한 마디 말밖에 배우지 않았다
한 마디 말로도 가슴이
벅차다
그 한 마디 말을 배우려고
북채를 드는 사람이 있다
북은 오직 그 사람에게
말을 건다
한 마디 말로
평생을 노래한다

예로부터 전해져오기를 한 악공은 자신이 연주하는 악기의 소리를 알아듣는 딱 한 사람이 있어 그를 지음知音이라 했다. 소리를 안다는 뜻. 그때부터 지음이야말로 자신을 잘 아는 친구라 하여 가장 친한 그리고 소중한 친구라 일러온 것이다. 어느 날 그 친구가 이 세상을 떠나자 악공은 다시는 악기를 연주하지 않았다 한다. 친구가 죽자 악기도 소리를 잃고 악공의 존재 또한 자취를 감춘 것이다. 친구란 그만큼 위대한 존재인 것. 악공에게는 그 친구가 하나의 위대한 세계였던 것이다.

북은 자고로 자신의 속을 가득 비우고서야 제 가슴을 치는 것이다. 북은 한마디 말 밖에 배우지 않고도 그 한마디 말로 이 세상의 가슴이 벅찬 것이다. 우둔 한 바 고수鼓手는 그제서야 그 한마디 말을 배우려 북채를 드는 것이다. 아뿔싸, 우리는 너무나 많은 말로 귀를 메우고 너무나도 많은 소리로 이 세상을 어지럽혀온 게 아닌가.

이 여름 장마가 질게 이어지는 것도 지구가 밤마다 천둥소리로 우주를 울리는 것도 다 북소리를 내기 위한 것이다. 그리하여 자신을 알아주는 단 하나의 지음을 찾고자 하는 것이렷다. 그대에게 묻노니 그대는 지음을 알고 있는가. 또한 그대는 지음을 가지고 있는가.

아득한 성자

조오현 (1932~)

하루라는 오늘
오늘이라는 이 하루에

뜨는 해도 다 보고
지는 해도 다 보았다고

더 이상 볼 것 없다고
알 까고 죽는 하루살이 떼

죽을 때가 지났는데도
나는 살아 있지만
그 어느 날 그 하루도 산 것 같지 않고 보면

천년을 산다고 해도
성자는
아득한 하루살이 떼

하루에 뜨는 해와 지는 해를 다 보았다면 그 다음 매일은 그저 동일한 반복일까. 그 반복 속에 전혀 새로움이란 없는 것일까. 하기야 이상李箱 같은 천재 시인은 초록의 공포를 느꼈다 하는데, 그는 새봄에 피어나는 이파리의 모양과 빛깔이 지난해와 너무나 같아 공포를 느꼈다 한다. 그는 1년에 한번 피는 초록도 진부하기 짝이 없는 반복으로 본 것이다. 우리에게는 신록의 신선함으로 가슴 설레게 하는 봄도 그에게는 초록의 공포로 두려움과 기피의 대상이 되었다 하니 어허, 과연 천재는 천재로다.

먹이를 먹지 않는 하루살이는 입도 위도 항문도 없다 하는데. 그것은 내일이 없는 하루살이가 그 하루 스스로의 삶을 완성하기 위한 생리적 완결판일까. 그것은 꼬리를 자르고 어둠 속으로 치닫는 유성과 같이 날개를 펴는 순간 주어진 하루 속 죽음으로의 화려한 질주였으리. 하루살이야말로 완벽한 죽음의 성취를 통해 보여주는 퍼펙트한 삶의 완성인 것이다.

하루의 초심으로 생을 마치는 하루살이에게 차라리 일생의 변절은 절대 없다. 그 앞에 매년 피고 지는 초록도 무색했으리. 우주의 겁劫으로 보면 사람의 일생이나 하루살이의 한나절도 다 찰나요, 순간에 지나지 않으리. 그러고 보면 뜨고 지는 해를 다 보고 하루 만에 죽는 하루살이가 산 것 같지 않게

깜깜한 백 년을 살다 가는 우리보다는 한 수 위일 것이다.

꽃 멀미

노금선(1947~)

짧은 환상의 빛으로 다가와
황급히 떠나가는 저 영혼

찰나의 청춘
서럽도록 아름다운
청춘이 있었다

안개인 듯
구름인 듯
환생인 듯 피고 지는 꽃차례에
내 마음 늘 울렁이고

그대 꽃 입술 바라보면
어느새 말갛게 씻겨 내리는
마음결이 보인다

사랑하는 이여
천만년 살기보다
한순간을 살아도
황홀하게 피었다 가고 싶구나

꽃 다 진 등걸에 걸터앉아
아직도 나는
꽃 멀미에 취해 운다

이 팔월 염천 땡볕에 우리 꽃 멀미에 한번 실컷 취해보는 게 어떠하리. 더위를 이기는 방법으로 뜨거운 영양식 먹는 이열치열만 능사가 아니라 꽃 멀미를 떠올려 이 여름 땡볕 멀찌감치 밀어내 이기는 것 또한 얼마나 좋은 이열치열인지. 사실 우리는 한 계절만 거슬러 올라도 꽃 멀미에 취해 있었다. 아니 한 계절만 슬쩍 앞당겨도 지금 우리 앞에는 무수한 꽃들이 피어있는 게 아닌가.

지금 우리가 겪는 찜통 속 더위도 어찌 보면 하나의 꽃 멀미다. 사실 이 더위도 한 계절 전에 피었다 진 꽃들이 불러온 것이다. 이 찜통 속 고뇌의 순간을 지나서야 가을 들녘에 꽃 사태 번져 오리라. 진정 이 여름 땡볕이 없다면 내년 봄 꽃 멀미 결코 내다볼 수 없는 것. 기실 우리는 지금 이 염천 하늘에 꽃 멀미를 잔뜩 앓고 있는 게 분명하다.

그러니 사랑하는 이여, 이 여름 땡볕 속에서도 꽃 멀미에 취해 그 열정 절대 변치 말라. 찰나의 청춘이 지나간 어느 날 그대는 이 여름 땡볕 속 더위도 무진장 그리워하게 되리. 그대 창가에 선 배롱나무 꽃가지 하나쯤 그대 가슴 안에 옮겨 심으라. 그리고 저 땡볕을 뜨겁게 받아 안으라. 그건 바로 이 여름날의 진정한 꽃 멀미.

편지

김남조 (1927~)

그대만큼 사랑스러운 사람을 본 일이 없다
그대만큼 나를 외롭게 한 이도 없었다
이 생각을 하면 내가 꼭 울게 된다

그대만큼 나를 정직하게 해준 이가 없었다
내 안을 비추는 그대는 제일로 영롱한 거울
그대의 깊이를 다 지나가면 글썽이는 눈매의 내가 있다
나의 시작이다

그대에게 매일 편지를 쓴다
한 구절 쓰면 한 구절을 와서 읽는 그대
그래서 이 편지는 한 번도 부치지 않는다

편지란 마음 길을 밟고 가는 우리들의 눈빛. 밤새워 쓰고 또 쓴 편지를 다음날 아침 잘게잘게 찢어버렸던 일이 누군가에겐 있을 것이다. 그것은 하룻밤 사이에 편지를 쓴 마음길이 바뀌어버렸기 때문이다. 그러니까 밤에는 보였던 길이 낮이면 잘 보이지 않기 때문. 그것은 밤에는 그 길을 밝혀주었던 별이 아침이면 사라지는 까닭이다.

편지가 사라지고 이메일을 넘어서 스무 글자 안팎의 짧은 감각으로 마음을 담으려 애를 쓰는 세대. 그리하여 마음이 파편화된 시대. 쓰다만 편지가 없어진 세대. 그리하여 더 이상의 그리움도 사라진 시대. 또한 편지를 쓸 필요조차 없어진 세대. 그리하여 외로움도 퇴화해버린 시대여.

그러나 편지가 소중한 것은 단지 그 세대와 시대를 반영하는 문화 때문만은 아니다. 편지란 가장 사랑스럽고 나를 가장 외롭게 만드는 그대를 대할 수 있는 마음길. 또한 제일로 영롱한 거울이 되어 나를 참으로 정직하게 해주는 그대를 만날 수 있는 까닭이다. 그대의 깊이를 다 지나면 글썽이는 눈매의 나를 만날 수 있는 길이 그로부터 열리기 때문이다. 한 구절 쓰면 한 구절을 와서 읽는 그대. 그대는 이미 내 안에 살고 있는 것이니. 그것이 내가 매일 편지를 쓰고 또 부치지 않는 이유다. 편지는 이미 그대와 내가 함께 걸어가는 길인 것이다.

산속에서는

안용산 (1956~)

가을 산속에서 사람들이
단풍을 찾는다
찾는 것은 모두 단풍뿐이어서
물들지 않은 잎들은
남은 햇살을 당겨
자기 몸에 붙이고 단풍처럼
쳐다보았다

사람들이 돌아가자
흩어져 서로 보았던
잎들이 모여 합창으로
노래를 부르기 시작한다

바람도
물들기 시작하였다

서둘러 우리 가을 산속으로나 떠나 볼까. 우리들 아직 물들지 않은 햇살 넌지시 앞당겨 가을 단풍이나 맞이해 볼까나. 쉿, 그러나 조심해야 할 것. 아직도 남아 있는 여름이 눈치채지 않게 신발은 벗어들고 발뒤꿈치 들고서 살금살금 고양이 걸음으로 걸어가야 하리라. 하여도 우리 알게 되는 것은 저 여름 혹독한 더위의 순간도 그저 지나지 않고 호수 속으로 모여 고여 있다는 것을. 곧이어 더욱 단단한 가을 불러오리라는 예감으로 그윽이 차오르고 있다는 것을. 아, 언제나 우리 생의 격정이 지난 뒤에는 참다운 지혜와 깨달음이 열리는 법이다.

서둔다고 모든 게 다 얻어지는 건 아니니다. 세상을 둘러보면 먼저 된 자 나중 되고 나중 된 자가 먼저 되기도 하는 이치. 서둘러 물든 단풍 서둘러 그 노을을 비워야 하리니, 서둘지 마라 그대. 이 세상 유행에 바삐 따르다 보면 언젠간 다시 원점으로 돌아오리라. 가을 숲은 자기 앞의 생이 때를 맞추어 자기 색깔로 물이 드는 이치를 보여주는 것이다.

진정한 가을 산은 흩어진 잎들 모두 모여 합창으로 노래하는 것. 더욱 진실로 성숙한 가을 숲에선 바람도 비로소 제 빛깔로 물이 드는 것이다. 그렇게 가을 숲은 이 세상의 모든 것들이 하나로 어우러지는 참으로 위대한 합창이다.

가을

김종미 (1957~　)

잘못 걸려온 전화처럼 가을이 왔다

전화를 받자마자
"전화 잘못 걸었습니다"
굵직한 바리톤의 음성만 남기고 끊어진 전화를
아직도 못 끊고 있는 것처럼
가을을 들고 있는 손

가을엔 손이 가슴이 된다

너, 라는 것을 만지고 싶어
너무 길어지거나 너무 짧아지는 손가락은
누가 두드려주지 않으면 울지도 못하는
피아노 건반

브레이크가 고장 난 내리막길은 붉디붉다

입가의 피 맛을 마저 핥는 사자의 넓고 긴 혀
개미귀신의 꼭짓점으로 미끄러지기 시작한 개미의 허리
번호 하나쯤 쉽게 잘못 누를 준비가 되어 있는
그러니까 가을엔 선불리 전화하지 말아야겠다
누군가의 손에 가을을 덥석 쥐어 주고
황망하게 끊지는 말아야겠다

어쩌다가 잘못 걸려온 전화처럼 다가오는 것이 어찌 가을뿐이겠는가. 목욕탕에 비누칠을 하고 서 있는 우리를 황급히 불러내 바닥에 물 뚝 뚝 흘리며 달려가면 뚜욱, 끊겨버리고 마는 곰탱이 전화처럼 오는 것이 어찌 가을뿐이겠는가. 어느 사이에 무너져 내리는 세월의 비탈 막아선 우리 앞에 고장난 브레이크로 내리막길 사정없이 달려 내려올 가을. 가을엔 손이 가슴이 되어 가닿는 곳마다 붉게 물이 든다. 그래서 지금 가을산은 온통 통화중이다.

저기 저 산과 들도 끊어진 전화 아직 못 끊고 있는 것처럼 가을을 듣고 있다. 그러니 가을엔 잘못 걸린 전화일지라도 그냥 뚝 끊지 말자. 그냥 저 가을 산에 단풍을 보라고 청해보자. 전화 잘못 걸었습니다 라는 말은 하지 말자. 가을에는 누군가의 손에 가을을 덥석 안겨 주고 황망하게 끊는 전화처럼 떠나지 말자. 혹 누군가에게 전화를 잘못 걸면 거기 가을산입니까 하고 묻자. 그렇다고 하면, 지금 여기도 가을이 왔다고 미소를 가득 머금고 그곳의 가을은 안녕하시냐고 안부를 묻고 또 묻자.

추석 전날 달밤에 송편 빚을 때

서정주 (1915~2000)

추석 전날 달밤에 마루에 앉아
온 식구가 모여서 송편 빚을 때
그 속에 푸른 풋콩 말아 넣으면
휘영청 달빛은 더 밝아오고
뒷산에서 노루들이 좋아 울었네.

"저 달빛엔 꽃가지도 휘이겠구나!"
달 보시고 어머니가 한마디 하면
대수풀에 올빼미도 덩달아 웃고
달님도 소리내어 깔깔거렸네.
달님도 소리내어 깔깔거렸네.

조상에 대한 숭배를 가장 가치 있는 덕목으로 섬겨온 민족이 있었다. 그해의 햇곡식을 추수하여 밥을 짓고 떡을 빚어 지극정성으로 조상께 차례 올리던 미풍양속을 지켜온 민족. 그 달밤은 달빛 천지에 흘러넘쳐 들녘을 적시고 마을마다 강강수월래, 강강수월래 섬섬옥수 맞잡고 달을 휘감아 돌며 환상을 연출하던 축제의 한밤이었으리.

추석의 유래는 신라 유리왕 때. 유리왕은 6부의 부녀자들이 7월부터 한 달 베를 짜게 해 8월 보름날 어느 편이 더 많이 짰는지 판가름했다. 이긴 편은 환성 지르며 덩실덩실 춤추고, 진편은 별미 음식 마련해 이긴 편을 대접했다. 송편, 고기, 전 등 갖가지 별식과 밤, 대추, 머루, 다래, 배 등이 푸짐히 마련되면 양편 모두 둥그런 원으로 둘러앉아 함께 먹으며 노래와 춤을 즐겼다. 그 춤이 강강수월래였다.

한 해의 풍요에 감사하며 정성으로 빚어낸 떡이 송편. 그것은 달을 닮아 달빛 아래서 빚었던 것이니, 솔잎 내음이 풍기는 송편은 추석의 정수였다. 추석을 위해 온 가족이 송편을 빚는 일은 지극 정성스럽고 지극히 충만한 예술성의 순간이었다. 달 밝은 그 밤 뒷산의 노루들은 좋아서 울어 쌌고, 대수풀에 올빼미도 후우어 후우어 웃어대었을 것. 달님도 배를 쥐고 깔깔대며 웃었던 모양이다. 오, 그런 달밤이면 달빛 오지게 풍성하여 끝내 달빛엔 꽃가지도 휘어졌겠구나! 그 밤 축복의 달빛은 이 지상으로 폭포수처럼 무진장 쏟아져 내렸으리니.

과꽃

이정희 (1960~)

먹구름과 새털구름 사이
한없이 얇아지는 이 계절에
문득 우리에게 온다
달력 속 눅눅한 숫자들을 지우고
이제 다 왔다고 흐트러질 무렵
가슴만 가만가만 쓸며 온다
뙤약볕을 머리에 얹은 맨드라미와
입술에 서리를 바른 국화
그 사이에 서 있다, 너는
질긴 바람을 헤치고
거대한 콘크리트 벽 앞에
흑백사진 속 흐려진 가족의 얼굴을
올망졸망 피워 놓았다
쓰르라미 울음을
한 잎 한 잎 덮어두고
하늘처럼 맑게 걸러내는

보랏빛 환한 품

여름의 강렬한 땡볕을 넘어 가을 서늘함 속으로 들고 보면 그 사이에 존재하는 것들은 영 눈에 차질 않는다. 여름과 가을 사이의 것에 대해서 어느 누구도 그것을 눈여겨보지 않는다. 맨드라미와 국화 사이의 과꽃이 그짝이다. 그러나 사실 과꽃이 피지 않고서는 여름도 가지 않으며, 가을 또한 결코 우리 앞에 다가오지 않는다는 사실. 우리 어느새 뙤약볕 머리에 얹던 맨드라미 지나 입가에 서리 스칠 국화 사이에 서 있는 게 아닌가. 그 가운데 우리는 어물쩡하게 멈춰 선 건 아닌지. 가을은 무엇보다 먹구름과 새털구름 사이로 한없이 엷아지는 절기이다.

과꽃은 흑백사진 속 가족들 흐려진 얼굴처럼 올망졸망 피워 놓았다. 우리 걷는 길 담장 옆이나 비탈진 화단 어디에서도 부스스한 얼굴을 내민다. 콘크리트 벽 앞에서 손등으로 눈물 훔치며 떠나간 이들의 얼굴은 얼마던가. 밀린 농협 빚을 갚기 위해 화단에 줄을 서던 김씨가 밟고 서 있던 과꽃. 그래도 그것은 언제나 쓰르라미 울음을 한 잎 한 잎 덮어두고 하늘처럼 맑게 걸러내는 보랏빛 환한 품으로 우리에게 다가선다.

그러니 과꽃이야말로 가을의 진정한 전령사傳令使.

사는 게 참 꽃 같아야

박제영 (1966~)

며느리도 봤응게 욕 좀 그만 해야
정히 거시기해불면 거시기 대신에 꽃을 써야
그 까짓 거 뭐 어렵다고, 그랴그랴
아침 묵다 말고 마누라랑 약속을 했잖여

이런 꽃 같은!
이런 꽃나!
꽃까!
꽃 꽃 꽃
반나절도 안 되서 뭔 꽃들이 그리도 피는지

봐야
사는 게 참 꽃 같아야

시가 때로는 우리에게 재미있게도 다가온다. 가을로 들어서는 때 높은 사색도 중요하나 이 시처럼 우리들 머리 식혀주는 재치와 유머도 중요한 법이다. 그렇다. 이 시가 제목을 사투리로 시작할 때부터 알아봤어야 했다. 그렇게 시작한 시의 서두는 뭔가를 말해줄 기세다. 아침 밥상머리에서 사내는 마누라와 덜컥 약속을 하고 만다. 이제, 며느리도 봤응께 욕 좀 그만해야. 그랴그랴. 밥상인 사내에게 아내는 여인의 지혜도 함께 가르쳐준다. 거시기 대신에는 꼭 꽃을 쓰라고. 그것이 이 세상 여자의 힘이고 지혜다. 그게 이 세상을 강하게 움직여온 여인의 파워다.

세상이치는 그런 것. 단어 하나 바꾸니 이 세상 모든 어둠이 빛으로 바뀌고 천지엔 온통 꽃사태로다. 지난봄 태안 천리포수목원에 가서 보았다. 자연의 아름다움이 절정에 이를 때면 그것을 보고 누구도 이름을 부르지 않을 수 없다고. 그때는 꽃의 이름만 불러도 노래가 되고 꽃의 이름만 적어도 시가 된다고. 이 세상 언어 가운데 가장 아름다운 것은 꽃 이름으로 태어난 것이라고. 세상의 어둠을 한순간 화려한 꽃으로 바꿔놓은 이 여인의 놀라운 지혜. 봐야 사는 게 참 꽃 같아야.

속도의 비대칭

신영연 (1966~)

빛 부시게 역동적으로 반짝이던 한 시대 있었지
처마 밑에 웅크려 그 대목 읽어보다
앞도 뒤도 필요없다, 오직 빠른 속도만이 나를 표현하는 방법이라 믿었다
가 마주 오는 같은 속도와 부딪혔을 때

이미 멈추지 않는 속력은 위급한 내 속도 순식간에 태워버렸는지
급정거에도 불구하고 강렬히 셔츠를 세우고
뉴턴의 2법칙을 적용한 계산법을 운운했다
가 큰길 자갈길, 오솔길, 빙판길 두루두루 섭렵한 척, 빛나던 시절 있었다

세월은 제 속력을 충실히 지켰는가 긴 여정 가속도 위반 없는 동행에도

이제금, 지켜줄 차고도 눈, 비 막아 줄
커버도 없이 종합보험을 기둥삼아 기대어 있다
가 똑바로 펴려 해도 어긋나 있는 비대칭 어깨를 하고

오늘, 볕 좋은 처마 끝에 작은 몸 구부려
저 둥근 우주의 자궁에 들기엔 아직은
미완성인 조각상 같은 어머니, 타세요 출발합니다

벌써 시월의 둘째 주인가. 마이크로 고속의 시대. 또한 모든 속도는 비대칭의 시대인지. 마음 한쪽은 아직 더위를 다 벗지 못했어도 요즈음 날씨는 가을의 절정. 축제의 계절이다. 이곳 저곳은 백일장의 계절. 하늘 맑고 구름 한 점 없는 쾌청 그 자체. 누구나 한결 몸이 가볍다. 우리 눈도 밝아져 자연이나 사물의 실체가 또렷이 잡힌다. 어느 곳이라도 향해 누군가에게 편지 한 장 길게 쓰고 싶다. 그러나 우리 삶은 어느새 속도의 비대칭. 뉴턴의 제2 가속도의 법칙.

이미 우리는 스스로 절제할 수 없는 속도의 노예. 마음으로는 속도를 거부하지만 잠시도 그 속도를 벗어나 살 수 없는 속도의 자식들. 속도의 블랙 컨수머. 속도가 속도를 분열하고 그 속도의 속도가 속도를 폭발하고. 그러나 우리 알고 있지 않은가. 인디언들은 말을 타고 평원을 급히 달리다 어느 지점에서 잠시 쉰다고. 너무 급히 달리다 보면 우리의 영혼이 미처 따라오지 못할 것을 우려한 까닭이라는 것을. 가을 나무들 물이 드는 진정한 까닭. 가을 산이 붉게 불타오르는 이유는 우리에게 잠시 가던 길 멈추고 그 불을 끄고 가라는 자연의 메시지인 것을.

사랑의 묘약

오세영 (1942~)

비누는
스스로 풀어질 줄 안다
자신을 허물어야 결국 남도
허물어짐을 아는 까닭에

오래될수록 굳는
옷의 때,
세탁이든 세수든
굳어버린 이념은
유액질의 부드러운 애무로써만
풀어진다.

섬세한 감정의 올을 하나씩 붙들고
전신으로 애무하는 비누,
그 사랑의 묘약.

비누는 결코
자신을 고집하지 않은 까닭에
이념보다 큰 사랑을 안는다.

사랑은 국경도 이념도 초월한다지만 그걸 어떻게 설명할까. 그걸 좀더 명증하게 보여줄 수는 없을까. 하여 그 사랑의 설명보다 여기 한편 시로 보여주고 있다. 인류의 모든 문학의 가치는 다 사랑으로 통한다. 위대한 사랑은 인간의 한계를 넘어 더 높은 세계에 가 닿기 때문이다. 그리하여 인류는 지상의 모든 사물을 사랑을 모방해 만들어 왔다. 그 대표적인 게 비누라 말하면 그건 하나의 가설이 될 수 있을까. 사랑은 비누처럼 스스로 풀어질 줄 알기 때문이다.

손을 씻는다는 것은 어제와 오늘을 가르는 분기점. 오늘과 내일을 새롭게 여는 출발점이다. 우리 생은 언제나 비누와 함께 하는 하나의 제의일 터이다. 그 결과 사람들은 비누를 보고 세상을 용서하고 서로를 받아들인다. 그렇다면 비누만한 스승이 어디에 있으랴. 비누만한 희망은 또 어디에 있겠는가. 자신의 존재를 완전히 비워서 상대에게 남김없이 스미는 것. 그 모든 사이에 스미어 사이를 채우고 비로소 완성시키는 것. 우리는 서로의 비누가 되고 상대를 비누로 받들어야 할 것이다. 그래서 우리는 모두 하루를 비누로 시작하고 비누로 마감하지 않는가.

사랑에는 이유가 없습니다

박세아 (1969~)

우리가 죽은 선인장처럼
막혀있는 불빛처럼 보이지 않아도
먼지 묻은 전화기처럼
당신을 볼 수 있습니다

녹슨 재봉틀이
삐걱거리며
돌아가는 이유가 있습니다

비가 오고
하늘엔 먹구름이 오르지만
무지개를 상상하는 이유가 있습니다

숨을 헐떡이며
어항 속에 물고기가
입을 뻐끔거리는 이유는

당신을 사랑하는 이유는

오늘 삶이 존재하기 때문이지요

우리 모두 이 세상 어떤 일에도 까닭이 있고 핑계 없는 무덤은 없다 말하지. 가파른 비탈에 피어난 작은 풀꽃도 스스로의 생을 넘어서 우리에게 오는 것. 고도 절벽에 솟아 뒤틀린 소나무가 우리를 더 감동스럽게 한다. 사막에 태어난 낙타풀은 일생에 언제 나타날지 모르는 낙타를 위해 그 길고도 모진 허기와 갈증 속에 뿌리를 묻고 있다. 그러니 보라. 저 죽은 선인장도 앞을 볼 수가 없고 캄캄하게 막혀있는 벽 속에서는 불빛이 보이지 않아도. 그러나 그것을 넘어 푸르게 녹이 슬어버린 재봉틀이 삐걱삐걱대며 돌아가는 이유가 무엇인가요.

하나님의 사랑이 넘치고 벅차 그것을 온몸으로 전하며 살아가는 목사. 그 사랑의 무지개를 곡진한 언어로 빚고자 시를 쓰는 시인. 하늘의 언어를 새겨듣고 지상의 언어로 갈고 닦는 목사 시인. 오늘도 그는 '행복한 재단'을 이끌며 이 거친 세상을 향해 무한정 사랑에 대해서 묻고 또 묻는다. 그래요. 사랑하는 데에는 아무런 이유가 없어요. 당신을 사랑하는 이유도 오늘의 삶이 존재하기 때문일 뿐. 비가 오고 하늘엔 먹구름으로 가득해도 우리가 무지개를 상상하는 데는 진정한 이유가 있어요. 그대여 부디 이 세상을 더 큰 행복으로 이끄세요.

밤, 썰물에 마주서다

강은미 (1968~　)

바다도 가을이면 옆구리가 시린가
물소리 품고 사는 바위들의 잠버릇처럼
자는 듯 어둠 속에서
자꾸 말을 걸어와

그 여름 문어발로 도시 전체를 끌어안으며
자정 넘겨서야 제 본심을 드러내던
잠 없고 말 없는 바다
사랑법이 궁금했어

겉 희고 속이 검은, 그래서 더 아팠을까
썰물 때 거꾸로 비친 세상바닥 저 밤바다
제각각 물웅덩이에
별 하나씩 켜고서.

제주도에서 대전으로 일주일에 한 번씩 꿈을 길어 나르는 시인이 있다. 그는 한남대학교 문예창작학과에서 박사과정을 밟고 있는 중이다. 첫 번째 시조집 『자벌레 보폭으로』가 나와 이 가파른 세상을 자벌레 보폭으로 보듬어갈 것이다. 그의 시조는 제주의 사랑이 무르익어 온통 짙푸른 바다색이다. 그의 시에도 가을이 찾아오니 가을엔 바다도 옆구리가 시리다. 이렇게 그의 시편은 풍경과 대상에 시인의 감성이 깊게 아로새겨져 독자들을 깊이 흡인한다. 하루가 다르게 새것에 혈안이 되어 날뛰는 저속한 시대의 풍경 속에 3장 6귀, 43자 내외의 아담한 틀로 꿈과 희망을 그려내는 그의 시적 공력은 실로 깊고도 놀랍다.

'자벌레 보폭'으로 이 세상에 길을 내는 강은미 시인이 있어 제주의 가을 바다는 한껏 힘차다. 그의 시조는 '겨울, 밤, 달, 바다, 노을, 썰물' 등으로 이어지는 형상화로 모성의 포용 속에 살아 숨 쉬며 강인한 섬의 미학으로 솟구친다. 저 쉼 없는 파도가 바위를 가르고 그치지 않는 바람의 칼날이 우리의 가슴을 에어도 언제나 절망이 늘 그렇게 희망 쪽으로 다리를 놓듯 시인은 눈 뜨고 길 잃는 세상, 눈 감고 또 길을 낸다. 『자벌레 보폭으로』. 그는 이 시집으로 마침내 우리 시조시단에 새로운 길을 과감히 열어젖혔다.

해변의 원피스

이승희 (1965~)

허공이 해바라기 원피스를 입고 있다

맨발이다
여러 개의 손을 가졌다
여러 개의 발을 가졌다
신발이 너무 많아
어느 신발도 맞지 않아
한 번도 신어본 적이 없다
출처도 없이 구름이 페이지를 적고 있다
허공은
지워진 페이지처럼
아직 한쪽 팔을 끼우지 못했으므로
기울어 있다
기울어진 입술이 해안선을 향해 나부낀다
발들이
손들이

찡그릴 얼굴도 없이
옷을 입는다
원피스는 여전히 허공에 떠 있다

여전히 한 팔을 끼우느라
두 발이 허공에 떠 있다
신발도 없이
원피스는 허공에서 펄럭이고
펄럭임을 끌어안고 허공이 깊어진다

"허공이 해바라기 원피스를 입고 있다". 이 당혹스런 첫 구절을 시작으로 이 시는 어느 날 내게 왔다. 그리곤 떠나지 않는다. 그렇다. 한번 와서 결코 떠나지 않는 게 있다. 그게 걸작이다. 사랑이다. 깨달음이다. 시인들의 상상력은 허공에까지 가 닿아, 줄줄이 허공을 노래하는 시들이 태어난다. 허공은 그것 자체로 상상력의 보고인 셈. 한때 나는 허공이론이라 칭했던 적이 있다. 그건 허공에는 한계가 없기에 내가 한계를 짓는 것만큼 나의 허공이 된다는 설이다. 그게 바로 상상력이라 했다. 의식의 크기라 하였다.

이 시에서 시인은 허공의 무한적 공간을 해바라기 원피스로 시각화한다. 그리고 그것에 상상력을 이어가며 맨발, 손, 발, 신발, 구름 등의 이미지를 연상하며 뻗어나간다. 이 세상 어디에 허공만큼 모든 걸 다 빨아들이고 허공만큼 또한 모든 것을 다 뱉어내는 게 있을까. 이승희의 시는 자유연상을 통해서 의식과 무의식의 그 중간쯤에 상상력의 자유분방함으로 다양하게 펄럭이고 있다. 그게 그의 시 매력이다. 그의 매력이다. 그의 깊은 눈매처럼 뻗어가는 시인의 길이다.

어떤 난중일기

김원옥 (1945~)

조개가
남몰래 쓴 일기를
뻘밭에서 훔쳐보았다
어느 발에 밟혀
깨어질까
어느 손아귀에 붙들려
끌려갈까
숨으며 숨으며
바다로 간
발자국,
끊어질 듯 끊어질 듯 이어진
눈물겨운 난중일기
한 페이지를
밀물이 가뭇없이
지우고 있었다

사는 게 전쟁이라면서도 우린 언제나 그 전쟁을 즐기고 있는 건 아닌지. 일상을 돌아보면 발자국마다 가득 고이는 건 지나간 시간이 아니라 가파른 생의 난투극 휩쓸고 간 혈흔인 듯. 바다는 생명의 싸움을 좀 더 극적으로 보여주는 공간이다. 조개 한 마리 기어가는 뻘밭에 언제나 숨 가쁜 삶의 투쟁 이어지고 도처에는 또 모든 걸 밟아 으깨버리려는 발길들 숨어 노리고 있다. 그 사이사이로 우리는 가파른 생을 이어가는 것이다. 이렇듯 삶의 현실과 우리 이상 사이에 널려있는 건 온통 난중일기다.

그러나 보라. 이순신 장군의 난중일기는 임진왜란의 진상을 보여주는 역사에 버금가는 것. 그리하여 거대한 운명의 바다는 조개가 써놓은 난중일기를 밀물로 감싸 안는다. 그 상처를 보듬는 바다의 맨살을 우리는 오늘도 바라보고 있지 않은가. 그렇다. 우리 삶은 언제나 잠시도 돌아보고 새기지 않으면 흔적 없이 사라져 버리고 말지니. 그리하여 하루하루 끌고 가는 시간의 저 싸늘한 바다 위로도 언제나 하나의 붉고 거대한 태양은 떠오르나니. 뜨고 지는 태양 아래 살펴보면 무수히 흩어진 발자국. 그건 시간의 가파른 칼날 위에 새겨진 어떤 난중일기들.

엄마가 들어 있다

이수익 (1942~)

보자기 속엔
엄마가 들어 있다
가만히 들어앉아 엄마는
네가 들어올 거라고 생각했지, 라고
말씀하신다
바로 그때 보자기 속에 숨겨진 엄마의 귀는
빠르고 정확하게 나의 방문을 숨죽여
기다리고 있었던 것이다
보자기 속에 숨겨진 엄마의
손은 두껍고 큼지막해서 무엇이든
잘 뒤지신다, 내가 벗어놓은 예쁜 사진들이
엄마에겐 꼭꼭 감춰둔 비밀이 되어 있다
가끔씩 엄마를 만나러 간다
내가 보자기를 풀면
거기,
젊은 날 엄마가 나오신다

이 세상 천지에 엄마만큼 큰 세계가 있을까. 보자기만큼 엄마로 가득 찬 공간이 또 있을까. 누구라 하루라도 엄마를 벗어날 수 있을까. 잠시라도 보자기를 벗어버릴 수 있을까. 그러니 보자기는 우리들 기억이고 추억 그 자체다. 작은 비탈에 서 있는 강아지풀이다. 머루 장다리꽃이다. 붉게 물든 시간의 노을이다. 한 번쯤은 김치 국물이 번져간 생의 흔적이다. 우리의 생이 담긴 박물관이다. 돌아보면 우리에겐 젊은 날 엄마와 함께 한 일들이 보자기 안에 가득하다. 보자기로 무언가 칭칭 동여매 걸머지고 가던 길이 있었다. 그 옆 비탈엔 늘 앉은뱅이 민들레꽃이 피어 있었다. 하늘거리는 풀꽃 위로는 새털구름이 흩어져 있었다.

보자기 하나면 모든 게 만사 오케이던 때. 학교 갈 때 책과 공책을 넣고, 겨울바람에 머플러 역할도 단단히 하고. 돈다발 묶어둘 때는 지하 벙커의 금고에 버금갔다. 그러니 보자기는 시간 넘어 공간을 초월해 있다. 보자기는 인류 역사를 감싸온 포근한 품이라 할 만하다. 보자기, 보자기, 보자기. 그러니까 보자기는 엄마다. 보자기는 엄마의 요술방망이. 보자기 속에는 엄마의 모든 게 들어 있다. 보자기는 엄마의 기억을 쟁여놓은 덩어리 그 자체. 보자기를 열면 그곳엔 언제나 따스한 손길로 우리를 기다리는 엄마가 들어 있다.

세상의 뿌리들에게

이 섬(1947~)

메타세쿼이아의 근육을 보면 뿌리를 알 것 같다
쩍 벌어진 어깨와 잘 발달된 근육을 보면
나무의 뿌리 주머니 속, 마음을 가늠할 수 있다
마른 땅을 얼마나 단단히 움켜쥐고 있는지
그의 눈물, 그의 사랑을 알 것 같다

사랑은 그렇게 깊이깊이 뿌리내릴수록
울창할 것이라고
그리움의 그늘로 남몰래 일렁일 때도 있다고
때로는 살갗 터지는 아픔과 쓰라림도
참아내야 한다고
세상의 뿌리가 되고 싶은 것들에게
세상의 뿌리로 살고 싶은 것들에게
근육질이 발달한 잘 뻗은 나무는
손짓발짓으로 수액 끌어올리며
조곤조곤 일러주고 있다

가쁜 숨 몰아쉬며 우듬지로 수액 끌어올리는
나의 뿌리에게 빠르게 물 흐르는 소리
들리는 것 같다

높이 빨리 빨리 날뛰는 시대에 우리 언제 진정으로 뿌리에 대해 생각해 본 적 있던가. 꼭대기 꼭대기로 층수를 이어 올리고 몇 층인가 경쟁하는 우리에게 이 세상 모든 뿌리들은 무어라 말하고 싶은 것일까. 따뜻한 시인의 눈이란 늘 그늘 쪽에 서서 이 세상의 빛을 바라보려 한다. 하여 이섬 시인은 누구도 눈길 주지 않는 이 세상의 작은 뿌리들에게 온 가슴을 열고 달려간다. 생각하라, 언제라도 젖어 있는 것들은 뿌리. 그러나 뿌리는 절대 자신을 위해 젖어 있는 게 아니다. 저 수천 길 우듬지 위로 사랑을 길어 올리기 위해 뿌리는 깊이 젖어있을 뿐이다. 뿌리가 젖어야 줄기를 적실 수 있다.

언덕에 우뚝 선 메타세쿼이아를 보라. 저 높은 가지 끝으로 다가서는 구름도 그곳에 둥지를 튼 새들의 삶도 또한 겨울 눈발이 몰아치는 그 순간도 그것은 뿌리의 버팀으로 서 있는 것이다. 작은 나무 한 그루 사랑도 그렇게 깊이 뿌리내릴수록 울창한 것이라 일러준다. 그리하여 사랑은 그리움의 그늘로 남몰래 일렁일 때도 있는 것이다. 나무 곁에 서면 나의 뿌리에서도 비로소 생기를 띠며 길을 찾고 언제나 물 흐르는 소리 들린다.

석상石像의 노래

라이너 마리아 릴케 (1875~1926)

소중한 목숨을 버릴 만큼
나를 사랑해 줄 사람은 누구일까.
나를 위하여 누군가 한 사람
바다에 익사한다면
나는 돌에서 해방되어
생명체로, 생명체로 되살아나는 것이다.

이렇게도 나는 끓어오르는
피를 그리워한다.
그러나 돌은 너무 조용하기만 하다.
나는 생명을 꿈꾼다. 생명은
참으로 좋은 것이다.
나를 잠 깨울 수 있는 만큼
용기를 가진 자는 아무도 없는가.

그러나 언젠가 내가,

가장 귀중한 것을 내게 주는
생명을 갖게 된다면
그때 나는 혼자 울리라.
내가 버린 나의 돌을 생각하며 울리라.
나의 피가 포도주처럼 익는다 하더라도
그것이 무슨 소용 있으랴.
누구보다도 나를 사랑하던 사람 하나를
바다 속에서 불러낼 수도 없는 것을.

사랑의 시편 가운데 이토록 간절하게 역설적 의미를 간파해 준 시가 있을까. 그대는 이 시 앞에 서면 가슴 설레는가. 이 시에 나타난 사랑의 거대한 힘 앞에 작아지고 또 작아지지는 않는지. 이렇듯 사랑의 힘은 크고도 큰 바, 싸늘한 돌덩이조차 뜨거운 피를 머금고 생명체로 다시 태어나게 하는 것이다. 보라. 석상石像도 노래하였거늘, 사랑의 길에는 언제나 역설이 자리하는 법이다. 끝내 석상이 생명을 얻은 뒤에는 자신을 가장 사랑했던 사람 하나 잃게 된 것을 깨닫고 오열하리라. 이처럼 사랑은 다른 모든 것을 포기한 뒤에나 얻을 수 있는 것인지도 모른다.

그러니 우리 모두는 나를 가장 사랑하던 사람 하나씩 강물에 묻고 깨어난 돌들이 아닌가. 이 세상 어디에 영원한 사랑은 있을지. 사랑은 누구도 자신의 생명을 남김없이 다 바친 후에나 얻을 수 있는 것일 테지. 우리 또한 누군가의 목숨만큼 강렬한 사랑을 얻고서야 비로소 이 싸늘한 허기의 그늘에서 풀려나, 뜨거운 더 뜨거운 생명체로 거듭 태어날 수 있는 것이다. 정지한 채 살아 있는 이 석상石像의 그늘로부터 벗어나 내 피는 포도주처럼 익을 것이다.

무

반칠환 (1964~)

이렇게 속없는 놈도 사는구나
탁, 탁, 탁—
깍둑썰기를 해도
날 상하게 할 뼈가 없다
착, 착, 착—
채설기를 해도
손 물들일 피 한 점 없다
칼로 무 베다 보면 속 부끄럽다

이렇게 속 깊은 놈이 사는구나
난도질하고 남은 목
던져놓으면 수채 속일망정
파랗게 웃으며 되살아난다

숙취를 지우는 무국을 뜨며
속없이 속 깊는 법을 생각한다

김장철 올해는 배추와 무가 풍년이라 농부들 걱정이 태산을 넘어 절망이라니. 아니 죽음이라니. 풍요 속 빈곤이란 이런 걸 두고 하는 말. 어느 시인 함부로 연탄재 발로 차지 말라고, 너는 누구에게 한번이라도 뜨거운 사람이었느냐 했지. 이 시는 무를 함부로 대하지 말라고 일갈하는구나. 그래, 무를 썰어보면 안다. 무를 채쳐보면 더 잘 알 수 있다. 세상에는 이렇게도 속없는 놈이 산다는 걸. 이렇게 속 깊은 놈도 살고 있다는 것을. 그대는 한 번이라도 무처럼 속없어 본 적 있는가. 무처럼 속이 깊어 본 적은 있는가.

그래도 이 세상이 이렇게 견디는 것은 무가 있는 까닭인 줄. 그래도 우리가 한 겨울 무를 먹고 철이 드는 까닭인 줄 알라. 그러니 아무리 무가 싸다고 해도 씨 뿌린 무는 밭에서 뽑아야 한다. 깍두기 치고 채를 썰어야 한다. 그렇지 않으면 무에도 바람이 들어 구멍 숭숭 뚫리고 무 안에도 날카로운 뼈가 선다. 무를 다듬어 깍두기 담아 둘러보면 우리 주변에 그것 있어야 겨울 날 사람들 천지인 것을. 시는 이렇게 주변의 아픈 곳을 둘러보는 정신에서 출발한다. 시는 작은 것 하나에도 관심을 기울이고 그늘진 곳에는 온 마음으로 빛을 전하려는 사랑의 전도사다. 캄캄한 밤이면 하늘 속으로 희망을 쏘아 올리는 저 불빛처럼.

새에게 밥을 빌다
- 밥시편 25

이제인 (1962~)

마른 풀씨 한 자락 앞에 두고
머리 조아리며
수십 번 땅에 절한다
다시 고개 들어 하늘 바라본 후
온몸이 수저가 되어 밥을 먹는다, 새는

밥상은 그렇게 받드는 것이라고
그래야 밥이 밥이 되는 것이라고

아침 생선구이, 무국, 오징어무침
여러 찬 앞에 놓고도
젓가락질 머뭇거리는 나에게
한 말씀 하신다

너
아직 배가 부르구나!

새가 땅에 절하고 풀씨 하나 먹고 하늘 우러르는 걸 보라. 병아리도 물 한 모금 먹을 때마다 물 앞에 고개를 숙이고 또 숙인다. 우리 매일 먹는 밥에는 수천의 우주와 자연의 신비 그리고 농부의 땀과 피 응결되어 있다. 밥은 곧 우주의 피, 우주의 이슬이다. 하늘의 별이고 땅의 온기다. 그러기에 밥이 하늘이라 했다. 우리는 그것을 그저 맥없이 수저 들어 배를 채우는 건은 아닌지. 포만감을 위해서 필요 이상을 먹고 마시는 건 아닌지. 새들은 풀씨 하나 앞에 두고도 땅에 수십 번 절을 하고 병아리 물 한 모금 위해서 연거푸 물에게 절을 바친다.

사람들도 밥을 먹을 때 그 동작을 그려보라. 우리가 수저를 들어 밥을 떠 입에 넣을 때마다 고개를 숙이는 까닭을 알라. 두 사람 마주 겸상을 할 때면 서로에게 절을 하며 밥을 먹는 그 이유를 생각해 보라. 그러기에 밥은 같이 나누어 함께 먹는 것. 우리 지나는 길손에게도 기꺼이 밥상을 차려주던 시절이 있었다. 우리들 혼자 밥을 먹을 때조차 앞에 있어야 할 누군가 향해 절을 하지 않는가. 하거늘 오늘의 우리 삶은 서로 밥을 두고 벌이는 싸움이 아닌가. 그걸 밥그릇 싸움이라 하지. 밥값이라는 말. 우리 모두 한 공기의 밥값은 하고 있는가.

제야除夜

김영랑 (1903~1950)

제운밤 촛불이 찌르르 녹아버린다
못 견디게 무거운 어느 별이 떨어지는가

어둑한 골목골목에 수심은 떴다 갈앉았다
제운맘 이 한밤이 모질기도 하온가

희부연 종이등불 수줍은 걸음걸이
샘물 정히 떠붓는 안쓰러운 마음결

한해라 기리운 정을 몽고 쌓아 흰그릇에
그대는 이 밤이라 맑으라 비사이다

오늘은 2013년 마지막 날. 한 해의 가장 높은 곳에서 하루 뒤 내년을 내려다 보는 날. 2013년의 제일 높은 정상과 2014년의 제일 낮은 곳이 만나는 날. 내일은 오늘도 1년 전이리. 그대 마음 비우기 위해 촛불 한 자루 밝혀놓고 명상에 잠겨보라. 1년의 시간들 모두 비우고 촛불 속으로 걸어 들어가 보라. 촛불이 움직이면 내 마음도 따라 움직이고, 내 마음 일렁이면 촛불도 따라 일렁이는 바로 그 순간. 촛불이 찌르르 녹아내리면 어느 별이 지는 것. 저 지구 반대편 어느 하늘에서도 별이 떨어지는 것이다. 그렇게 한 해의 결말은 지구가 하나의 저녁으로 가 닿아 저무는 일.

새해는 새 마음으로 새벽에 일어나 밭을 일구리. 새 꽃밭에 새 씨앗을 묻고 새 마음으로 물을 주리. 잎이 피면 희망을 열고 그 잎에 이슬이 내리리. 꽃이 피면 감사드리고 열매 맺히면 대지에 무릎 꿇어 경배하며 입 맞추리. 대한민국 젊은이들이여. 그대들 얼굴에도 웃음꽃 피어나 대학 캠퍼스에 젊음의 열정과 낭만이 출렁이는 때 오리라. 꿈꾸는 자의 소망은 모두 다 이루어지고 젖은 자들의 삶은 양지쪽으로 옮겨가 햇살 아래 밝게 드러나리. 어둡고 그늘진 곳마다 따뜻한 손길이 넘쳐나 바라보는 곳곳, 눈길 닿는 곳마다 축복의 노래 울려 퍼지리. 한 해라 그립고 그리운 정을 모아 간절히 빌고 비오니 오소서, 오소서, 오소서. 갑오년 힘찬 새해여 새 희망으로 벅차게 오소서.

역

한성기 (1923~1984)

푸른 불 시그널이 꿈처럼 어리는
거기 조그마한 역이 있다

빈 대합실에는
의지할 의자 하나 없고

이따금 급행열차가
어지럽게 경적을 울리며
지나간다

눈이 오고
비가 오고

아득한 선로 위에
없는 듯 있는 듯
거기 조그마한 역처럼 내가 있다

2014년은 우리 조그만 역에서 가볍게 출발해보는 게 어떨까. 화려한 네온사인과 전광판이 없고 KTX가 닿지 않는 곳. 아직도 저녁이면 늙으신 어머니들 외지에서 돌아오는 아들 기다리는 곳. 더러는 기차가 늦게 와 닿고 이따금 기차를 빼먹으면 어떠랴. 봄이면 역장이 꽃구경을 가서 열차가 정지한 채 한동안 떠나지 못하고 기적만 울려대는 곳. 대합실 문을 열면 불쑥 쑥 내음이 밀려들고 냉이꽃 하얀 웃음이 깨알처럼 쏟아지는 곳. 그 낡고 조그만 역에서 손을 흔들며 한 해를 시작해보는 건 어떨까.

역에 가면 어디론가 떠나고픈 시절 있었지. 또 떠나간 누군가 그리워지곤 했었지. 빈 대합실엔 의자 하나 없어도 설렘으로 가득 차오르던 곳. 눈이 오고 비가 오고 아득한 선로 위에 조그마한 역처럼 우리 모두 하나씩의 그 작은 간이역. 그 역은 다른 역으로 이어져 길을 열듯이 우리 서로 어울려 삶을 이루는 것. 그곳에 가면 누군가 잡았던 손목을 놓지 않고 떠난 체취가 남아 있다. 플랫폼을 막 빠져나가는 옷자락이 보이지. 오래 묵은 선로 곁으로는 한결같이 민들레 몇 송이 피어서 고요히 흔들리고 있으니. 바로 거기서부터 이어가야 할 길이 있다. 2014년은 우리 모두 그 간이역에서 새롭게 출발하는 건 어떨까.

집
- 어머니학교 17

이정록 (1964~)

돼지 집에 돼지만 살데?
병아리도 들락거리고 참새도 짹짹거리고.
본시 내 집이란 게 어디 있냐?
은행에 꼬박꼬박 월세 내며 사는
집 있는 사람들, 부러워할 것 없다.
외양간에 황소만 누워 있데?
강아지도 놀고 암탉도 꼬꼬댁거리고.
사람만 집을 대물림하지.
까치며 말벌이며 새들 봐라.
집은 버리는 거라고, 옛날에
글방 훈장 할아버지가 그러시더라.
그런 한자漢字가 있다고.
한문 선생인께 알 거 아니냐?
모르면 옥편 찾아보고.

새해 덕담으로 새겨두자. 시인은 『어머니학교』라는 시집을 내고 다시 『아버지학교』라는 시집도 냈다. 시인의 고향으로 미루어 이 시집에 드러난 사투리는 충청도 방언 중 홍성지방 토속어일 것. 이 시집에는 충청도 사투리가 청보리처럼 팔팔하게 살아 있다. 시는 기표의 우위적 속성을 갖는다고, 이렇게 사투리로 간을 치면 시의 맛은 더하다. 구수하다. 묵은 맛이 장맛이다. 이 시의 화자는 시인의 어머니가 시인에게 심어준 어머니가 육화된 내면의 목소리. 시인에게 어머니는 홍성의 땅이고 홍성의 정신이며 홍성의 풍습이며 홍성의 물이고 바람이며 그리고 또 역사다.

그러고 보니 사람들은 이고 지고 가지도 못할 집 하나 마련하는데 일생을 다 바치는 게 아닌가. 집을 턱없이 치장하고 집을 무겁게 하고. 보라 저 달팽이는 몸에 딱 맞는 집을 지고 다니거늘. 그러니 집은 몸의 일부이고 몸의 연장延長에 지나지 않는 것. 그러기에 집은 버리는 거라고 훈장선생도 일러주셨다. 집을 버리지 않으면 아집과 고집이 되고 집을 버리면 탈태하여 날개를 얻으리. 이 시에서의 집이란 우리 몸이 사는 집만이 아니다. 우리의 생각이 사는 집을 이르는 것으로 보아야 한 수 높은 이해이다.

비늣방울이 앉았던 자리

이　향(1964~　)

베트남에서 온 그녀도 남편을 오빠라 부른다

같이 잠자리하는 나이 차 많은 그를
아빠라고는 차마 부르지 못해
그녀 나름대로 선택한 자구책 같은 것이다

아빠도 아니면서 오빠는 더더욱 아닌
이 어중간한 관계 속에서
그래도 다리 걸고 만나는 남자는
아빠가 아니라 오빠라서

그녀는 그 말에
근근이 살을 붙이고 산다

"다문화多文化는 다 문화文化다." 한국에 거주하는 외국인 숫자가 2014년 초에 144만이라 한다. 10년 안에 무려 200만 명에 이를 것으로 추정한다. 동남아 여성을 아내로 맞아 결혼하는 한국 남성들도 점차 늘어나고 있다. 그동안 외국인 노동자들이 받아온 학대와 불이익, 외국 여성들이 겪어온 차별대우와 수모는 이미 우리 사회의 문제로 대두된 지 오래다. 우리 사회가 수준 높은 단계로 나아가기 위해서는 무엇보다 인권에 대한 인식이 높아져야 할 것이다. 또한 외국인에 대한 인식을 국제적 감각으로 바라보는 마음도 중요하다. 우리는 국제화와 세계화를 소리높이 외치면서 외국인들에게 일방적으로 멸시와 학대를 가하고 있지는 않은지. 하루빨리 그들에 대한 진정한 사회적 관심과 관용 그리고 이해가 필요하다. 더 나아가 인류 평등이라는 시각과 마인드를 갖추는 것이 중요하다.

그런데 이 시의 제목은 왜 「비눗방울이 앉았던 자리」일까. 그렇다. 비눗방울처럼 약한 것이 어디에 또 있을까. 비눗방울은 작은 움직임에도 곧 터져버리고 만다. 그만큼 위태위태한 것이 비눗방울이다. 돌아보면 우리 사회에는 애정으로 감싸안아야 할 것들이 대단히 많다. 작은 무관심에도 곧 터져버릴 것들이 우리에게는 너무나도 많은 것이다. 비눗방울처럼 연약

한 대상을 잘 감싸안아야 하며 그것들이 앉았던 자리를 소중히 여기는 사회가 수준 높은 사회이다.

그런 것이다

천양희 (1942~)

나는 내가 존재하지 않는 곳에서 생각한다
내가 없어졌을 때
나는 생각하기 시작했다
존재란 그런 것이다

나는 연애의 시작부터 여자를 포기했다
여자가 없어졌을 때
나는 연애를 하기 시작했다
연애란 그런 것이다

나는 시작詩作의 출발부터 시인을 포기했다
시인이 없어졌을 때
나는 시를 쓰기 시작했다
시인이란 그런 것이다.

어딘가에 갇히는 것과 틀에 얽매이는 것. 그것은 초보자의 몸놀림처럼 어색한 게 아닐까. 기계적 동작만 이어지고 앞으로 나아가는 과정의 진정한 의미는 없는 것처럼. 우리가 부러워하는 고수高手의 여유와 그 유연성은 알고 보면 그가 터득한 제2의 단순성일 것. 눈에 힘을 주지 말고 어깨에 힘을 뺀다는 말이 있다. 한 사람의 진면목이 제대로 보이는 때는 정작 그가 떠난 뒤에나 가능한 것이니. 저 하늘의 허공도 거대한 넓이를 넘어선 그 경계선 밖 한 줌 허공까지 다우를 때 진정한 허공이 되는 것이다.

그러나 섣부른 여유보다 초보의 어눌함은 대단히 중요한 법. 미숙함이란 채워야 할 미래인 까닭이다. 미래가 없는 내일이란 얼마나 슬픈 전설인가. 설 지난 뒤 아직 며칠 지나지 않았으니 새해를 맞이한 설렘을 오래 간직하는 건 중요한 일이다. 오늘은 반드시 어제와 다른 시간을 되새기자. 목표를 설정하되 그것에 갇히지 말고, 주관을 유지하되 객관적 기준은 잃지 말아야 한다. 좋은 시란 시인의 강박과 입김이 사라지고 독자의 감성이 깊이 있게 뛰어놀 수 있는 공간 열어주는 것이다. 진정한 시의 이해는 독자가 그의 시에 들어와 오롯이 집 한 채를 짓고 사는 순간이다. 그리하여 독자와 시인이 하나가 되는 바로 그 절정의 순간 그것이 바로 시의 최고의 경지다.

장미에게 묻다

문현미 (1957~)

불편한 진실이 타고 있는 걸까

바람의 시간을 꽃몸으로 견디며
화려한 한 때를 자랑하던
배후에 치명적인 내력이 숨어 있다면

스스로 배경이 되고, 시작이 되고
마침내 끝이 되어야 하는
붉은 열정을 혼자 지키고 있다

누군가 아름답다는 것은
한 떨기 순간의 향기일 뿐이라는데

언제 다시 돋아나는 걸까
맹목의 순결이 흐르는 고혹의 가시는

누구는 '꽃은 꽃이요, 새는 새로다' 하겠으나, 시인에게 꽃은 단지 꽃이 아니란 말인가. 시인은 장미에게 길을 묻는다. 우리는 그저 장미 붉은 꽃잎을 보며 아름답다고 1차원적으로 호들갑 떨고 있을 때, 그때 시인에게는 장미의 내면으로 다가서는 오솔길이 열린다. 비로소 시인에겐 장미의 예술철학이 열리는 듯. 그래 누가 뭐라고 해도 꽃은 이 지상에서 최상의 미학이다. 시행 안으로 파고들며 '불편한 진실', '바람의 시간', '치명적인 내력', '붉은 열정', '순간의 향기', '맹목의 순결', '고혹의 가시'로 펼쳐지는 기표들의 흐름은 장미로부터 존재의 깊이로 나아가는 징검돌이다.

오호. 이제 꽃이 핀다는 것은 단지 자연의 일개 현상만이 아니다. 장미 꽃 한 송이 벙글어 붉은 꽃잎을 우리 앞에 한 우주처럼 턱 하니 펼쳐놓은 것은 그저 자연이 생의 한 절정을 시각적으로 여는 것만이 아니다. 위에 예시한 장미의 은유적 기표에는 역설의 의미가 내장되어 있는 바 그건 바로 우리의 생이다. 그러기에 장미는 우리 생의 의미를 온 몸으로 압축해 보여주는 최고의 언어다. 절정의 이미지 바로 그 상징이다. 장미의 본질은 '고혹의 가시' 속에 있을지니 그대여 생을 너무 화려한 꽃잎에서만 보지는 마시라.

그리움

강신용 (1955~)

길을 거닐다 보면
혼자인 내가
혼자가 아니라는 느낌이 든다
누군가 꼭
올 것만 같은
길을 거닐다 보면
잊었던 친구가 생각나고
어디선가 꼭
불러줄 것 같은
그대
목소리
길을 거닐다 보면
혼자인 내가
혼자가 아니라는 느낌이 든다.

지구촌 시대 우리가 어디를 간다 한들 혼자이겠는가마는 시인은 어느 곳이라도 혼자가 아니라 고백한다. 이러한 역설, 시인은 가시나무. 그의 내면에는 또 다른 그가 너무 많은 까닭이다. 시인은 그 많은 그리움과 외로움과 더불어 함께 사는 것. 그리움이나 외로움은 인간 본연의 감정으로 디지털시대에 무엇보다 우리가 간직할 소중한 정서다. 인간이 인간으로 존재하는 마지막 지점은 그리움과 외로움을 간직하는 단계가 아닐까. 인류가 불행해진 것은 그리움과 외로움을 잃어버린 데서부터 시작된 것이라 해도 틀린 말이 아니다. 이제 우리가 로봇과 인류를 구분할 수 있는 DNA가 그리움과 외로움일지 모른다.

시인은 마음으로 보고 마음으로 듣는 자. 지구 반대편의 작은 기척을 느끼고 저 북극의 얼음 위에서도 조심스레 걸어가는 곰의 발자국 소리를 듣는 게 아닌가. 남극의 세종기지에서도 움트는 새싹에도 귀를 기울이는 게 아닐까. 시인은 마음의 눈으로 갓 피어난 꽃봉오리에서도 우주의 열림을 보는 것이다. 그러기에 시인은 우리가 닿을 수 없는 것까지도 감싸 안는다. 시인이 오늘도 외진 길을 걷는 것은 어디선가 꼭 누가 불러줄 것 같기 때문이다. 그렇다. 그리움과 외로움으로 나와 너는 비로소 우리로 하나가 되어가는 것이다.

매화나무 곁을 지나다

양문규 (1960~)

이른 봄날, 매화나무 곁을 지나는데,
여자가 흙 담장에 걸린 꽃가지를 꺾고 있다
하늘이 구름을 내려 꽃을 피우는가
그 여자 매화의 가지에 얹혀 흐느끼듯 꽃을 단다
지난날들은 뒤돌아보지 마라
기울어진 몸이 헛되지 않았다고
속살이 열린, 하얀 꽃송이 허공 속으로 들어간다
햇살 따뜻해 바람 환한 날
사랑하고 싶어 나무매화 속을 엿보는데
매화나무 안에서 그녀가 옷을 벗고 있다

여기 매화를 소재로 한 폭의 그림을 그리듯 새겨놓은 시는 봄의 환한 풍취를 엿보게 한다. 담장 곁에는 매화가 있고 누군가 그 꽃을 꺾고 있다. 그리고 한 여인은 그 매화와 동일시되고 있다. 매화의 하얀 꽃송이가 열려 허공 속으로 들어가며 시 안에는 환상적인 분위기로 차오른다. 그 안에 환영처럼 떠오르는 모습은 꿈을 꾸는 듯하다. 김만중이 그의 어머니를 위로해 드리려고 썼다는 「구운몽九雲夢」에 가 닿는 듯하다. 그러나 꽃이 피면 한 세계가 열리지만 꽃이 지면서 그 세계는 닫혀버리고 말거늘. 이를 두고 생의 순간성을 깨닫는 것이 우리의 지혜일 것이다.

이제 매화의 계절이 돌아온다. 매화는 우리 문학에 전통적인 소재로 등장하는 꽃. 매난국죽梅蘭菊竹으로 통하는 사군자가 있어 옛 선비들은 이를 기리며 가까이 두고 즐겨했다. 그 중에 겨울을 지나면서 가장 먼저 오는 것이 바로 매화다. 봄이 멀다는 것을 지금 여기 눈 내리고 매화향기 홀로 아득하다 표현했다. 물론 이때의 봄은 계절로서의 봄만을 의미하지는 않는다. 시대의 흐름을 의미하는 것이 더 강했다. 이육사의 「광야曠野」가 바로 그것이다. 그러니 문학은 그 혹독한 시련 속에서도 초인을 그리며 광야에서 노래의 씨앗을 묻는 의지를 드러낼 때 빛나는 법이다.

꽃이 길 얻다

김선영 (1938~　)

꽃이 마침내 길 얻었다
허공을 면벽하고 향기 얻었다
천 개의 문을 열고 나와서
향기의 더듬이로 아슬한 곳 찾아간다

내가 겨냥한 곳은
하늘의 굳게 닫힌 문
그리로 마음을 열어놓았다

천의 밤을 걸어가서
바위같이 무거운 하늘을 밀었다

굳게 닫힌 하늘이 문을 열자
하얗고 붉은 꽃이 몸에서 피어나왔다
어떤 고통이나 슬픔에도
울지 않고 지지 않는 꽃이 피었다

봄이 와서 꽃이 피는 게 아니라, 꽃이 피어서 봄이 오는 것이라고. 그렇게 꽃 한 송이가 봄을 만드는 것이라고. 그러고 보니 꽃이 핀다는 사실이 단순한 수동적 입장에서 능동적 입장으로 바뀌어 피어난다. 그게 봄이다. 봄은 움직이는 것, 바로 동사다. 봄은 어제까지 갇혀 있던 봇물이 둑을 활짝 열고 흘러나오듯 새로운 출발선을 긋고 지금까지와는 전혀 다른 새 기운으로 한 해의 계절을 움직여가기 시작하는 것이다.

꽃이 필 때 그 꽃은 하나의 새 길을 얻는 것이다. 고로 모든 꽃은 자기만의 길을 내는 것이다. 그러고 보면 꽃은 정작 자기 몸에 딱 맞는 길을 가지고 산다. 꽃이 허공 속으로 내는 길이야말로 가장 고귀한 길인 까닭이다. 이 세상에 너무 많은 길을 만들고 그 길들에 얽힌 인간들이 꽃을 좋아하는 이유가 따로 있는 것이다. 당신은 꽃이 낸 그 길을 밟고 지나가는 봄의 발자국소리를 들어보았는가. 꽃의 발자국소리는 바로 꽃잎이 아니던가. 그러나 꽃이 가장 아름다운 것은 피어나면서 자신이 냈던 길을 꽃잎이 지면서는 스스로 거두어 간다는 사실이다. 꽃잎에 길을 담아 하나의 길도 남김없이 지우면서. 그러므로 꽃은 지면서 완벽하게 피어나는 것이다. 영원히 지지 않는 하나의 꽃으로 우리 마음속에 박히는 것이다.

그때를 아시나요

이영식 (1952~)

천변
오방오리 가족
빗속에 오종종 모여 젖고 있다
어미가 날개 펼쳐
빗물 젖은 새끼들을 모아 들인다
몸 하나로 세운
집
한
채
보일러도
이부자리도 없다
몸과 몸으로 서로를 녹이는
지상에서 가장 작고
따뜻한
집,

그래 우리도 그런 적이 있었다

집이 작을수록 가족들 간의 정은 더없이 깊어진다고. 집이 넓어 이 방 저 방 각자 방을 따로 쓰면서 집 안엔 적막이 흘러넘친다고. 그러기에 저 천변에 오방오리는 아예 어미의 품을 집으로 삼는다. 오리들이 모여서 함께 품는 하나의 둥그런 방. 지난날 우리들 가난했던 시절엔 모두가 그렇게 살았지. 흥부네 가족이 부럽지 않았다. 가슴과 가슴을 맞대어 이루는 이 지상에서의 가장 작고 따뜻한 집이었다. 그것 하나면 천변의 찬바람도 훈훈한 기운으로 차올랐다. 흘러가는 시냇물소리도 힘을 더하고 갓 깨어난 오리소리를 내면서 줄지어 간다.

그러나 우리가 알아야 할 그때란 그것만은 아닐 것이다. 우리가 부디 잊지 말고 간직해야 할 것은 더 없이 많으니. 마을마다 작은 초가집일지라도 뒤로 돌아가면 작은 우물 옆 어디라도 간직하던 황토 꽃밭. 그 꽃밭에는 어머니와 함께 꽃씨를 묻던 어린 날이 있었다. 어머니가 봉숭아 꽃잎을 따서 손톱에 연분홍 물을 들여 주시던 여름. 그해는 하루빨리 첫눈이 내려주기를 바랐다. 코스모스의 붉은 꽃을 따서 안방 창호지에 꽃잎을 새기던 가을. 시간이 갈수록 그 꽃잎의 색깔은 더 선명히 살아나고 있었는데. 그때를 아시나요. 우리도 그런 적이 있었지요.

불타는 얼음

허형만 (1945~　)

울릉도와 독도 주변
수심 3백 미터 이상 해저 지층에
차세대 청정에너지 '불타는 얼음'이라고 불리는
'가스 하이드레이트'가 무려 6억 톤가량 묻혀 있다
사랑하는 이여, 나에게도
가슴속 저 5백 미터 깊은 심연에
불만 붙이면 활활 타오를
그리하여 마침내 물과 이산화탄소만 남을
'불타는 얼음'이 10억 톤가량 매장되어 있다
저 숲 속 돌멩이도 깊은 잠에 든 시간,
이 '불타는 얼음'을 품고
나는 이 세상 마지막 인사처럼
너를 향해 뻴밭 같은 질긴 숨을 내뿜는다

점점 싸늘해져가는 세상을 그래도 견뎌온 것은 우리가 이 세상에서 찾아낸 새로운 에너지 때문이 아닐까. 그리하여 우리는 어느새 놀라운 에너지의 새 영토에 당도한 게 아닌가. 그것을 일러 '불타는 얼음'이라 한다. 그렇다. '불'과 '얼음' 이렇게 모순이 부딪쳐야 더 큰 열량을 발휘하는 것이다. 이 놀라운 모순덩이가 이제 21세기를 견뎌낼 에너지라고. 우리나라는 세계 5번째로 동해 대륙붕 울릉분지에서 채취에 성공했다고. 진정으로 뜨거운 것이 차가운 것이고, 차가운 것은 진정 뜨거운 것이라는 이 역설.

그러나 이 지상에서 영원히 고갈되지 않을 에너지는 바로 우리 가슴의 사랑이 아닌가. 사랑의 광맥을 찾아서 파고드는 그대의 뻴발 같은 질긴 숨처럼. 보라. 냉동실 문을 열면 얼음에서 피어나는 뜨거운 연기를. 냉장고 안을 가장 뜨거운 가슴으로 감싸 안으며 더욱 차갑게 유지하고, 그 차가움으로 야채는 생명의 뜨거운 신선도를 유지하거늘. 바로 그게 사랑의 힘이라고. 봄이면 도처에 피어오르는 아지랑이 그것은 이 세상이 그대에게 보내는 사랑의 숨결이니. 그대도 가슴을 열어 이 세상으로 사랑의 열기를 내보내라. 영원히 지지 않는 에너지. 그것은 바로 그대 가슴 속에 살아 숨 쉬는 큰 사랑이라는 것을.

어떤 기부

고증식 (1959~)

농협에 돈 찾으러 갔다 온 아내
불현듯 자전거를 끌고 다시 나선다
돈은 인출기 안에 그냥 두고
통장만 들고 나왔단다
혹시나, 혹시나, 부르르 다녀와서는
나도 이젠 늙었나 봐, 다 돼가나 봐,
가슴 퍽퍽 쳐댄다
그 한숨 너무도 깊어
술이나 한잔 사주마고 나갔다
맥주 두 병에
소주까지 한 병 잘 섞어 마시고 돌아와
그 돈,
없는 사람한테나 갔으면 좋겠단다
이게 웬 돈이야! 동그래진 눈으로
쌀 사서 한 상 잘 먹었으면 좋겠단다
하느님 있어

기부 한 번으로 쳐줬으면 좋겠단다

시는 일상의 소소한 체험 속에서도 싹이 트는 것. 시는 발명하는 게 아니라 그것을 발견하는 지혜가 있다면 언제 어디서라도 꽃 피는 것이다. 그러니 도처에 시가 널려있다 해도 좋을 것이다. 밝은 시안詩眼만 있다면 좋은 시는 어느 곳에서라도 태어나는 것이다. 또한 시는 삶의 반성과 생의 지혜를 담기에 좋은 것. 시는 무엇보다 진실한 체험의 산물이라 할 수 있는 까닭이다. 이 시에서 돈을 찾으러 갔던 아내가 돌아와 불현듯 자전거를 끌고 다시 나설 때부터 시인은 알았던 것이다. 그러나 잠깐이지만 아내가 다시 그곳에 가보면 두고 온 돈이 그대로 있을 리 만무하다. 그게 우리 사는 세상이다.

돌아와 가슴을 치며 자책하는 아내에게 남편이 해줄 수 있는 일은 단지 맥주 한 잔 따라주는 것뿐일지 모른다. 돈을 잃고 나 한탄하며 가슴을 치며 안타까워한들 무엇하랴. 이어서 시인이 발견하는 것은 아내가 삶을 수용하고 긍정하는 힘이다. 그 돈이 없는 사람한테나 갔으면 좋겠다는 것. 이게 웬 돈이야! 동그래진 눈으로 쌀 사서 한 상 잘 먹었으면 좋겠다는 것. 하느님 있어 기부 한 번으로 쳐줬으면 좋겠다는 생각. 그러고 보니 우리 삶 모두 '어떤 기부'가 아닌가. 이 시의 압권은 바로 마지막 행이다.

마음의 오지

이문재 (1959~)

탱탱한 종소리 따라나가던
어린 종소리 되돌아와
종 아래 항아리로 들어간다
저 옅은 고임이 있어
다음날 종소리 눈뜨리라
종 밑에 묻힌 저 독이 더 큰 종
종소리 그래서 그윽할 터

그림자 길어져
지구 너머로 떨어지다가
일순 어둠이 된다
초승달 아래 나 혼자 남아
내 안을 들여다보는데
마음 밖으로 나간 마음들
돌아오지 않는다
내 안의 또다른 나였던 마음들

아침은 멀리 있고
나는 내가 그립다

마음에도 오지奧地가 있나니. 그 어디엔들 그늘이 없으랴. 이 봄날 밖을 향해 돌아서면 저 산에는 꽃이요, 저 들녘에도 씀바귀 푸른빛이라. 비탈에 쌓여 있던 눈 모두 녹고 양지뜰에는 크게 꽃 사태 져서 야단법석일 때. 눈에 보이는 모든 것들은 봄의 열락에 들떠 한껏 설레이리. 그러나 불현듯 아직도 그늘 쌓인 언덕 바위 밑에는 작은 오지가 있나니. 그대 부디 잊지 말라. 눈 돌려 모른 체하지는 말라. 그곳에도 봄이 들어서야 이 세상은 밝은 봄 천지이리니. 봄이 와서 피우는 꽃잎은 그대 오지를 채우는 마음의 하늘 바람의 눈길이다.

지상에 만발하는 종소리 땅 속에 묻힌 작은 종소리에서 비롯하는 것. 이 세상의 모든 사물의 어머니는 그렇게 사라지며 더 큰 자식을 낳는 것이다. 그러니 우리 온 길 뒤돌아 삶 속에서 누렸던 여유로움 모두는 내 삶의 오지로부터 누렸던 자유다. 마음의 빈터에 찾아낸 새 길이었던 것이다. 그렇게 우리 삶은 마음의 오지로부터 오지로 나아가는 길 아닌가. 그 길가에 작은 실도랑이 아니던가. 어느 날 그림자 땅에 져서 나를 받칠 때 땅위에 선 나는 내 안의 또 다른 나를 보리니.
나의 실체는 나를 떠받친 내 안의 오지. 그 그늘이 아니던가.

잠잠히

구재기 (1950~)

저수지 가로
급커브를 돌다가
급브레이크를 밟는 순간
저수지에서 놀던 천둥오리 몇 마리
급 비상하다가 그만
깃털 하나 떨어뜨린다
가벼운 게
홍모鴻毛라 했던가
그러나
물에 젖는 것은
모두 진정鎭靜되어 간다
급브레이크가
허공에 걸려 멈춰 버리자
깃털 하나 물에 젖어
잠잠히 가라앉는다

우리들 저수지 가를 급하게 돌다가 급히 브레이크 밟는 순간이 오리라. 브레이크의 파열음이 저수지의 고요를 들어 올려 산산이 깨는 순간이 우리의 삶에도 오리라. 급브레이크가 차를 꽁꽁 묶어 정지상태로 두는 것은 저수지 물의 완강한 힘 때문이다. 그때 놀라 급히 날아오른 천둥오리 깃털 하나 떨어뜨린다. 우리의 급한 마음과는 달리 천둥오리의 여유는 대단하다. 자연이란 그런 것이다. 가벼운 깃털도 저수지에 닿으면 물에 젖느니 젖은 것은 모두 가라앉는다. 저수지는 말없이 모든 것을 그윽이 받아 안는다. 우리 생의 둘레 어디나 저수지 있어 삶의 순간을 정지시켜 시간의 체로 걸러내 진정시킨다.

돌아보면 우리 어린 날의 떠돌이 방황도 어머니 물가에 닿았었다. 어머니 저수지 물에 깊이 젖어 어머니 품으로 잠잠히 가라앉았다. 한번 젖은 것은 다시 젖지 않는다 했지. 우리 오늘에 이른 것 다 어머니 저수지 물에 젖었던 때문이다. '잠잠히'라는 말. 잠잠히 가라앉는다는 말. 그야말로 잠잠히 새기면 우리 마음속에도 어느새 저수지 하나 고여 거기에 와 닿는 어머니 미소. 오늘은 갇힌 마음에서 놓여나 어머니 저수지로 가서 다시 잠잠히 젖어보는 것이 좋으리. 그러니 우리 성급히 달려오던 길에도 잠시 브레이크를 밟아야 하리.

겹겹의 창

길상호 (1973~)

창마다 비닐을 씌워놓고도
시린 겨울, 우리는
겨울의 배추밭으로 갔네
바람만 무성히 키워내는 고랑엔
뿌리까지 얼음이 박힌
배추 몇 포기, 겨우
겹겹의 푸른 창을 닫은 채
외풍을 견뎌내고 있었네
뒤틀려 벌어진 틈새마다
잎을 녹여 문풍지 덧바르고
기우뚱 쓰러지지 않았네
그 속내가 궁금한 우리는
성에 낀 창을 한 잎씩 뜯으며
자꾸만 말문이 얼어붙네
벗겨도 벗겨도 창뿐인 방
한 가운데 잠들어 있던 건

씨앗을 깨운 바람의 첫 입맞춤,
겨울 배추밭에서 우리는
서로의 얼어버린 입술을 보네

봄이 왔어도 꽃 몇 송이 피었다 떠났어도 우리 봄은 봄이 아니다. 차라리 우리의 지난겨울을 돌아다본다. 우리는 겨울 속에서도 서로의 가슴 포개고 견뎌내던 칼바람이 그립다. 오, 그 목소리 그 눈빛, 그 빛나던 음성 다 어디로 갔는가. 그 웃음꽃에 벙글던 눈망울 그 많은 꿈들 모두 어디로 날아갔는가. 대지를 박차던 힘찬 발길 천 길 암벽을 뒤흔들던 그대들 외침은 모두 다 어디로 가 돌아오지 않는가. 열 수 없는 저 수십 길 물속에 갇힌 우리의 사랑스런 이웃들이여. 그대들 뜨거운 심장은 사해 바다를 다 데우고도 남을 열기이었거늘. 그대들 부모 형제들 이 모진 밤을 천 개의 어둠으로 지샌다. 어둠속 꺼지지 않은 불씨 하나 가까스로 견딘다.

이 가혹한 봄이여 꽃샘이여 천 길 절벽이여. 우리 서로의 얼어버린 등 다독이며 두 주먹 굳게 쥐나니. 맹골수도 네 사나운 물살 이제는 멈추어라. 세찬 파도 뒤엉킨 분노의 사슬을 풀고 새 길을 활짝 열어라. 물속에 갇힌 우리 아들딸들 하루빨리 지상으로 돌려보내라. 우리가 지샌 눈뜬 밤의 고통을 다 모아 기꺼이 바치나니 이제는 가파른 물살, 그 한을 거두어라. 우리의 소망을 받아들여라. 맹골수도, 이 뜨거운 기도를 거스르지 마라!

그늘은 나무의 생각이다

이기철(1943~)

나무의 생각이 그늘을 만든다
그늘을 넓히고 좁히는 것은 나무의 생각이다
사람들이 아무리 잡아당겨도 나무는
나무가 벋고 싶은 곳으로 가서 그늘을 만든다
그늘은 일하다가 쉬는 나무의 자리다
길을 아는가 물으면 대답하지 않고
가고 싶은 곳으로만 가서 제 지닌 만큼의 자유를
심으면서
나무는 가지와 잎의 생각을 따라 그늘을 만든다
수피 속으로 난 길은 숨은 길이어서 나무는
나무 혼자만 걸어 다니는 길을 안다
가지가 펴놓은 수평 아래 아이들이 와서 놀면
나무는 잎을 내려 보내 아이들과 함께 논다
가로와 세로로 짜 늘인 넓은 그늘
그늘은 나무의 생각이다

이 세상 만물이 드리우는 그늘과 그림자 모두 그것들의 생각이다. 그러니 그대는 부디 투명인간을 꿈꾸지 마라. 누군가의 옆에 소리 없이 일생동안 서 있고 싶어도 그늘 없는 존재는 다만 생각 없는 존재일 뿐이다. 하늘의 구름도 땅위로 그늘을 내려오고 바위조차 태양 아래 드리운 그늘을 깔고 누웠거늘 보아라. 저 소리 없는 산자락 숲에도 또 얼마나 깊디깊은 골짜기 이루어 계곡마다 그늘 깊어가는 것인가. 계곡물 그 그늘 속으로 저리디 저린 소리 내며 흘러가는 것인가. 거기 집 몇 채 가파르게 솟아 옛 사람들 마음을 모아 살아 왔거늘, 그것을 일러 사람들이 마을이라 한 것이다. 그러므로 우리 세상의 삶의 근원은 모두가 그늘이다. 그 그늘의 중심에 언제나 모성이 살아 있다.

그러니 인간 문명의 잣대로 그늘을 재단하고 그늘의 무게를 재지는 말라. 나무들 혼자 걸어 다니는 길 헤아려 다만 어린아이 마음으로 대할 때 나무는 한줌의 잎으로 우리에게 다가와 큰 가슴을 연다. 또 가을이면 붉디붉은 심장 빛으로 물들어 올 테니, 그때 생각은 생각 속에서 또 하나의 생각으로 열리는 게 아닌가. 우리의 생각은 그늘 속에서 깊어지고 또 깊어지거늘. 그대여 부디 집은 나무 그늘 아래에 세워라.

꽃그늘

이재무 (1958~)

꽃그늘 속으로
세상의 소음에 다친 영혼
한 마리 자벌레로 기어갑니다
아, 그 고요한 나라에서 곤한 잠을 잡니다

꽃그늘에 밤이 오고
달 뜨고
그리하여 한 나라가 사라져갈 때
밤눈 밝은 밤새에게 들켜
그의 한 끼가 되어도 좋습니다

꽃그늘 속으로
바람이 물고
시간의 물방울 천천히
해찰하며 흘러갑니다

오월의 신록이 짙어져 간다. 한바탕 불어제친 봄바람, 봄의 꽃 사태 가고 어느새 숲은 짙은 녹음으로 번성해 있다. 이제 깊어지는 자연의 숨결에 귀 기울이며 그동안 져간 꽃들에 대해 깊이 생각할 때. 그 꽃들이 남기고 간 눈빛과 음성을 되새길 때. 꽃그늘은 이 세상의 다친 영혼들에게, 수고하고 짐 진 자들 다 오라고 우리에게 가슴을 연다. 손을 뻗는다. 그렇다. 모든 꽃그늘은 이 세상을 사랑한 꽃들이 남기고 간 영혼의 그림자. 언제나 꽃은 그 그늘 속에서 깊어지는 법. 꽃은 꽃그늘 속에서 새로이 꽃잎을 펼치는 것이다.

진정한 꽃은 꽃이 드리우는 지상의 그늘. 화려한 꽃보다 그 그늘 속에서 피어난 꽃의 영혼을 느껴야 한다. 외로운 영혼들 기꺼이 한 마리 자벌레 되어 그 고요한 나라로 달려가 곤한 잠을 잔다. 이슥고 꽃그늘에도 밤이 오고 달이 뜨면 밤눈 밝은 새에게 들켜 한 끼 먹이가 되어도 좋으리. 그 밤의 충만한 시간은 새로운 질서를 낳을 잠시의 카오스라 해도 좋다. 그곳은 침묵의 시간 속에서 바람과 물방울로 한껏 풍성한 생성의 공간으로 팽창한다. 비로소 닫혀 있던 몽상의 푸른 불꽃들이 일어 잠든 영혼의 등불에 불을 댕기는 시간이다.

밧줄

김두안 (1965~)

닻을 주고 밧줄을 맨다

부두에 부딪히지 않게
썰물에 목매달지 않게

배가
파도를 넘을 수 있도록

느슨하거나
팽팽하지도, 않게

바람 불면 말뚝 꽉 조여야 하는
떠날 때 단숨에 확 풀려야 하는

밧줄

아버지는

닳아

부드러워진

길을 부두에 맨다

밧줄만 한 번 매 보아도 모든 걸 알 수 있다. 이 세상을 사는 이치가 이와는 다를 바 전혀 없다는 것을. 너무 힘껏 단단히 붙들어 매면 옴짝달싹 못 하겠지만 바람 살짝만 불어도 배가 부두에 부딪쳐 파손될 수 있다. 또 너무 헐렁하게 묶어두면 썰물 때에 배가 물을 따라 멀리까지 나갈 수 있다. 그런즉, 나중에 사람들이 배에 오를 때 힘이 든다. 또한 배를 알맞게 매어야 다가오는 파도를 타고 넘을 수 있어 배를 안전하게 지킨다. 그러니 밧줄이 느슨하지도 않고 팽팽하지도 않아야 하는데 그건 오랜 과정으로 익힌 노하우, 전적으로 감각의 영역이다. 그건 자로 재거나 수치로 따질 수 없는 것, 그날의 바람과 기상의 흐름도 가미되는 총체적 예술일 터.

우리는 이를 밧줄의 경제학이라 불러도 무방하리라. 밧줄의 경영원리라 해도 가능할 것. 통칭으로 경영마인드라 해도 어긋나지 않을 것이다. 우리 사회를 돌아보면 이렇게 오랜 체험과 감각으로 무르익어온 삶의 방식이 존재한다. 적당한 눈대중의 과학과 감각으로 다가오는 경제학. 이것은 바로 예술과 과학이 합쳐지는 경계는 아닐지. 함께의 원칙과 상대적 자율성이 융합해서 이루어내는 강력한 팀워크와 시스템. 자 이제 우리 삶의 주변에 매어놓은 밧줄이 너무 세거나 헐렁한 건 아닌지 돌아보자.

정치

문인수(1945~　)

그는 대통령을 지냈다.
고향마을로 돌아와
다섯 살 손녀딸아이와 자전거를 타고 논다.
구멍가게에 들러 얼음과자를 사고
아이가 손 시릴까봐
두루마리 휴지를 풀어 비닐 팩을 감싸준다.
"할아버지 따라 오너라" 다시
자전거를 타고 천천히
집으로 돌아갈 때,
아이는 힘껏 제 페달을 밟아
할아버지를 앞지른다.
뭔 말, 그는 함빡 웃으며 짐짓 뒤로 처진다.
비로소 한입,
행복을 맛본 정치다.

다시 정치의 계절이 돌아오며 거리에 현수막이 나붙고 높은 건물마다 예비 후보들 사진이 도배를 하고 있다. 조만간 텅 빈 공약들이 난무하며 골목마다 시끄러울 것이다. 6.4 지방선거를 앞두고 후보 공천문제를 둘러싼 여야 간 의견 대립이 몸살을 앓더니 공천으로 결론 났다. 그럴 줄 알았다. 정치는 끝내 정치이니, 정치는 정치적으로 할 수밖에 없으니. 그 많은 공약은 다 바람 빠진 풍선에 끈 떨어진 뒤웅박이다. 제발 후보들 이제 무엇보다 진정 지킬 수 있는 공약을 내걸고 유권자들의 표를 구하라. 만일 당선하면 진정으로 유권자를 받들어 섬겨라.

진정한 민주주의 실현은 대통령이 임기를 마치고 고향으로 돌아가 부부가 함께 시장바구니 들고 오일장에 가서 굴비 한 마리를 사는데서 시작된다고 하지 않던가. 이 시는 참여정부의 대통령을 모델로 하고 있다. 우리는 그때 노란 물결이 출렁이던 참여정부 5년을 보았다. 새로운 변화를 위한 추진력과 그것을 제어하는 힘들이 부딪치며 숱한 갈등으로 진통이 이어졌다. 힘겨운 5년을 마치고 대통령은 고향으로 돌아가 마을 사람들과 농사를 지으며 여생을 보낼 꿈을 꾸었을 것이다. 그가 손녀딸과 함께 타고 달리던 자전거의 바퀴는 아직도 구르고 있는지 모른다.

수족관의 거북

최승호 (1954~)

거실 한 구석에서
덜그럭 덜그럭거리는 소리,
수족관의 거북이다.
딱딱한 무덤딱지를 등에 업었다.
짧은 발로
유리벽을
쉴 새 없이 긁어댄다.
나는 끊임없이 고통스럽다.
길게 뽑은 모가지도
무덤 밖으로 내민 죄수의 모가지 같다.
이 일을 어쩔 것인가.
이 집 식구들은 푹신한 소파에 앉아
눈도 없고 귀도 없이
십년 째 티브이를 보고 있다.

이 시에 그려진 모습은 연극 무대 한 장면으로 봐도 좋겠다. 제목은 '수족관이 있는 거실'이 어울리는 풍경. 음향효과로 티브이 소리가 들리고 그 사이로 덜그럭 덜그럭거리는 소리. 여기서는 소리가 가장 중요한 장치다. 등장인물은 모두 움직임 없이 소파에 앉아 있다. 푹신한 소파에 몸을 묻고 티브이를 본다. 그것도 벌써 십 년째. 연극의 막이 열리기 전에 마련된 무대. 그 무대를 보고 있는 '나'는 관객이다. 수족관의 거북이 유리벽 긁는 소리와 티브이 소리만 자연과 인간의 극적인 대조로 부각된다. 등장인물은 오로지 정물일 뿐. 깊은 적막에 빠져 있다.

이 시는 차라리 거북이 중심이다. 무대의 가족들은 사물화 되어 있고, 오직 거북이만 갇힌 수족관을 탈출해 밖으로 나오기 위해 온 힘을 쏟는다. 그 필사의 탈출 향한 구조 손길을 부르는 덜그럭 덜그럭 소리를 티브이 소리가 지우고 있다. 그러나 무엇이 다르랴. 수족관 한 구석 짧은 발로 유리벽 긁어대는 거북이나 십년 째 푹신한 소파에 앉아 티브이 보고 있는 식구들이. 수족관의 거북이는 덜그럭 덜그럭 소리를 내며 지금 가족들의 가슴을 사정없이 긁어대는 것이다. 빨리 깨어나라고. 아, 이 일을 어쩔 것인가.

대나무

김지윤(1980~)

빨리 더 빨리, 속도를 내자

신작로처럼, 고층빌딩처럼
급행열차처럼, 초고속 기차처럼
위로, 더 위로 얼른 쭉 뻗으면 그만,
두께를 늘릴 필요는 없어
줄기 위로 수많은 단절의 금을 긋는다 해도
나이테 따위는 아예 만들지를 말고,
밑동이 두꺼워지는 연륜이란
저 느릿느릿 답답한 다른 나무들에게나 던져주라지
남의 머리 짓밟고 서듯 마디에 마디를 얹고
높이 더 높이, 얼른 올라서자
하늘을 찌를 듯 솟구친 저 위용을 보라

속은 텅 비어 있을 지라도,

우리들 빨리 빨리가 입에 붙어 살아온 지 얼마인가. 식탁에 앉자마자 빨리, 기초를 다지기 위해 땅을 파자마자 빨리, 씨앗을 묻자마자 빨리 빨리. 빨리 없인 못 살아 못 살아. 빨리 빨리가 없는 삶 너무 싱거워. 건조한 사막이야. 허허벌판이야. 빨리 태어났다 빨리 빨리 떠날는지 모른다. 신작로, 고층빌딩, 급행열차, 초고속 기차처럼. 나이테 따위는 만들지 말고, 은은한 연륜이란 개나 물어가라지. 그렇게 일구어 온 길 한순간 와르르 무너져 내릴 수 있다. 천길 나락으로 추락할 수 있다. 돌아보니 나 지금 몇 층 허공에 가파르게 서 있나. 그대는 또 얼마나 초고속 시간을 타고 무한 질주하는가.

그동안 대나무를 지조와 절개의 상징으로 그려온 지 얼마던가. 속이 비어 욕심 없다 하고, 휘어질지언정 부러지지 않는다 하며. 그 주변에 밑동이 두꺼워지는 느릿느릿한 나무들 즐비하거늘. 대나무의 치솟는 속도와 웃자란 우듬지 종내 지키지 못하고 쓰러질 줄 모른다. 최근 선거판에 나선 우후죽순 입후보자를 검증할 때 한번 새겨야 할 사항이다. 대나무 속은 언제나 텅 비어 있다고? 앞으로 우리 삶 속을 꽉 꽉 채워야 하리. 이제 수평으로 기어가며 주변의 삶을 끌어안는 칡덩굴의 생을 배워야 하리.

6월

김수복(1953~)

저녁이 되자 모든 길들은
노래를 부르기 시작했다
추억 속에 훤히 불을 밝히고
유월의 저녁 감자꽃 속으로
길들은 몸을 풀었다
산 너머로, 아득한 양털구름이
뜨거워져 있을 무렵,
길들은 자꾸자꾸 노래를 불렀다
저물어가는 감자꽃 밭고랑
사이로 해는 몸이 달아올라
넘어지며 달아나고, 식은
노랫가락 속에 길들은
흠뻑 젖어 있었다

유월, 모내기 끝난 논에서는 이제 어린 모들이 땅내를 맡으며 서서히 줄을 맞추어 선다. 푸른 이마로 까마득한 허공을 이고 섰다. 그 왕성한 뿌리의 힘은 조만간 논바닥을 가득 채울 것이다. 그 유월 들녘에는 온통 감자꽃들이 푸짐하게 피어 있다. 감자밭 초록 줄기와 이파리 사이에 반짝 솟은 자줏빛 꽃 속으로는 길들이 달려와 몸을 푼다. 그런 즉 산 너머에서 양털구름도 이 지상 일들이 궁금한 것이다. 아득하게 이 들판을 내려다보고 있는 풍경이다. 이제 대지 위로 익어가는 유월의 물결 속에는 우주의 작은 생명이 함께 벌이는 합창. 그 힘찬 맥박으로 밭고랑에 뜨거운 기운을 지피는 것이다. 이렇게 사람의 흔적이 사라지고 문명의 흐름이 비워지면 자연은 그 생명의 복원력으로 너른 대지를 끌어안는다. 그곳으로 신이 난 길들이 자꾸자꾸 노래 부르며 달려간다.

보아라. 저문 감자꽃 밭둑 사이로 몸이 온통 달아오른 태양 질펀하게 열기를 풀어놓았다. 대지와 태양의 음양이 뜨거운 만남으로 대지엔 축복이 내린다. 우리의 한 해는 풍요와 다산으로 이어지는 것이다. 지금 유월은 초록빛과 붉은 태양이 뒤엉긴 고흐풍 강렬한 톤으로 이글대고 있다. 그 뜨거운 흙의 숨결 살아올라 유월의 대지를 육감의 세계로 물들인다.

맛있는 시, 멋있는 시

길상호 (시인)

1

'맛'과 '멋'은 발음상의 차이가 있을 뿐 동의어나 마찬가지이다. '맛'이 감각적인 뜻을, '멋'이 감성적 뜻을 지니고 있다는 측면에서 구별되기도 하지만 두 단어가 하나의 어원에서 출발하였다는 점은 누구도 부정하지 못한다. '멋'이라는 말은 '맛'의 뜻을 다른 어감으로 표현하기 위하여 발음상으로 형태를 변형시켰다가 차츰 다른 관념을 갖게 된 것이다. 그렇다고 해도 말의 근원적인 의미는 바뀔 수 없는 것이기에, 두 단어는 서로 바꿔 사용하여도 무리 없이 소통될 때가 많다. 이런 측면에서 볼 때 시의 멋을 찾아가는 일은 결국 시 속에 담겨진 맛을 찾아내고 음미하는 일이라고도 할 수 있다.

음식의 맛을 느끼는 것은 인간의 즐거움 중 커다란 부분을 차지한다. 그러나 퇴화에 의해서든, 잘못된 식습관에 의해서든, 또는 생활환경의 변화에 의해서든 미각을 잃은 채 맛의 즐거움을 누리지 못하는 사람도 많다. 그런데 미각 상실은 감각적인 즐거움 하나를 잃어버리는 것에 그치지 않는다. 때로 영양상의 불균형을 초래해 건강에 치명적인 타격을 주기도 하는 것이다. 이러한 문제는 시에 있어서도 마찬가지이다. 시에 대해 잘못 길들여진 입맛은 특정 성격의 시만을 편식하게 만들고, 인스턴트 식의 자극적인 시를 좋은 시로 착각하게 만들기도 하며, 시 자체에 대한 거부감을 심어주기도 한다.

그렇다면 현 시대에 시에 있어서의 미각을 온전히 유지하며 살아가는 사람은 얼마나 될까? 이 질문에 대해 선뜻 긍정적인 대답을 내놓기는 힘들 것이다. 이렇게까지 시의 맛이 사람들로부터 외면을 받게 된 데에는 여러 가지 원인이 있다. 그 중에서도 가장 문제가 되는 것은 잘못된 교육이 아닐까 싶다. 모두가 같은 답으로 시를 해석하게 만드는 교육은 각자의 삶과 가치관에 맞게 시를 받아들일 기회를 빼앗고 있는 것이다. 이러한 교육을 통해서 우리는 시의 맛을 알기도 전에 시에 대한 미각장애를 앓기 시작하는 것이다.

이러한 시기에 저자의 연재기획물 『김완하의 시 속의 시 읽기』는 가치가 크다. 다양한 방식으로 한 편의 시가 지니고 있는 맛의 정체를 드러내고, 독자들에게 그것을 쉽게 접할 수 있도록 안내하기 때문이다. 이제부터 시인이 소개하는 시의 맛과 그 접근법을 살펴보도록 하자.

2

달콤한 이미지, 상상, 유머

단맛은 설탕이나 꿀 등에서 느껴지는 맛의 하나로, 요즘은 건강에 악영향을 끼친다는 이유로 꺼리는 사람도 많다. 하지만 적당량의 단맛은 심리적인 안정감과 더불어 함께하는 사람과의 친밀도를 높여준다는 연구 결과도 있다. 또한 다른 맛들이 일정한 값의 농도를 넘으면 불쾌감을 주는 데 비해서 단맛은 그와 관계없이 쾌적한 맛으로 남아있다는 것이 특징이다. 시에 있어서의 단맛은 아름다운 이미지와 현실을 넘어서는 상상력 속에 많은 양이 녹아 있다. 또한 유머와 재치를 통해 그 맛은 더욱 풍성하게 살아나기도 한다. 그 양이 너무 많아지면 군더더기가 생기고, 현실감을 상실하거나, 가벼워질 수 있다는 위험성을 안고 있지만, 시의 활력을 일깨워주는 데 있어서 결코 빠져서는 안 되는 요소가 바로 이것들의 단맛이다.

> 시도 때로는 우리에게 재미있게도 다가온다. 가을로 들어서는 때 높은 사색도 중요하나 이 시처럼 우리들 머리 식혀주는 재치와 유머도 중요한 법이다. (…중략…)
>
> 세상이치는 그런 것. 단어 하나 바꾸니 이 세상 모든 어둠이 빛으로 바뀌고 천지엔 온통 꽃 사태로다. 지난봄 태안 천리포 수목원에 가서 보았다. 자연의 아름다움이 절정에 이를 때면

> 그것을 보고 누구도 이름을 부르지 않을 수 없다고. 그때 꽃의 이름만 불러도 노래가 되고 꽃의 이름만 적어도 시가 된다고. 이 세상 언어 가운데 가장 아름다운 것은 꽃 이름으로 태어난 것이라고. 세상의 어둠을 한순간 화려한 꽃으로 바꿔놓은 이 여인의 놀라운 지혜여.

위의 글은 박제영 시인의 「사는 게 참 꽃 같아야」를 통해 펼쳐놓는 저자의 이야기이다. 시는 마누라와 욕을 하지 않기로 약속한 남편이 '좆'이 들어갈 자리에 '꽃'을 넣으면서 생기는 웃음을 그리고 있다. 저자는 "재치와 유머"의 중요성을 강조하면서, "단어 하나"로 "세상의 어둠을 한순간 꽃으로 바꿔놓"기도 하는 "세상이치"를 짚어낸다. 또한 "천리포수목원"의 경험을 통해 "아름다움의 절정"을 맛보는 순간이야말로 세상에서 가장 달콤하다는 사실을 깨우치게 한다. 유머를 깨달음으로 받아들이고, 그것을 통해 자신의 생활에 활력을 불어넣을 수 있다면 시가 갖고 있는 단맛의 역할을 충분히 활용한 것이라 하겠다.

쓰디쓴 현실인식

쓴맛은 주로 혀의 안쪽 깊숙한 곳에서 느끼며, 다른 맛에 비해 미각을 느낄 때까지의 시간이 길고, 또 맛이 오래 남아 가시지 않는 특징이 있다. 그래서 대부분의 사람들은 쓴맛을 꺼려하지만 "입에 쓴 약이 몸에 좋다"는 속담이 있듯이 몸에

이로운 작용을 하는 경우가 많다. 무기력한 입맛을 되살려놓는 것도 이런 작용 중 하나이다. 시에서 쓴맛이 느껴지는 대목은 시인의 처절한 현실인식이 들어있는 시구이다. 마음에 오래 남아 되새길수록 짙어지는 쓴맛, 그러나 좋은 시는 그 맛을 통해 독자들의 상처를 감싸고 보듬어준다.

> 비상하는 생을 꿈꾸는 자여. 그대는 절대로 링에서 내려오지 마라. 생의 한계에 도달한 순간일지라도 절대 글러브를 벗어 흰 수건을 던지고 비칠대며 생의 링 밖으로는 걸어 나오지 마라. 링 밖을 생각하는 순간, 이미 그대의 생은 패배한 것. 링에는 밖이 없고 단지 그 안이 존재할 뿐. 그게 우리 인생이고, 그대가 놓인 생의 한 지점이다. (…중략…)
>
> 다시 시작된 링의 승부. 이제 벨은 울렸다. 우리는 모두 글로브를 끼고 스텝을 밟으며 한발 한발 내 안으로 파고든다. 퀸투, 퀸투, 퀸투. 쉴 사이 없이 잽을 날리며 어둠이 다가와 무릎 꿇고, 우리 꿈이 다가와 환호하며 안길 그 순간까지. 그러나 두려워 말라. 그대가 절대 링 밖으로 나오지 않으려 다짐하는 순간 그대의 승리는 이미 다 놓은 당상이다.

이장근 시인의 시 「퀸투」를 통해 펼쳐지는 또 다른 이야기에서 저자는 “우리의 인생”이 ‘놓인’ ‘지점’에 대해 집중한다. ‘링’으로 비유되는 치열한 싸움의 장소가 바로 그곳이다. 사실 시 안에서 시인이 강조하고자 하는 내용은 ‘잽’과 같은 기본적이고 일상적인 것들의 힘이다. 하지만 저자는 주제를 그대로 전달하기보다는 시인의 현실인식을 끌어와 또 다른 이야기를 만들어낸다. 사회 흐름의 상황에 따라, 이야기를 나누는 상대에 따라 한 편의 시는 이렇듯 많은 갈래의 소통 루트를 갖게 되는 것이다. 그 루트를 개발하고 다양한 이야기로 풀어놓는 것도 시를 전달하는 자의 역할이라고 할 수 있겠다.

어쨌든 부어오른 눈두덩에서 다시 피가 흘러내려도 싸움이 끝나지 않는 '링' 안의 가혹한 현실을 깨닫는 순간 대부분의 사람들은 절망을 떠올릴 것이다. 하지만 저자는 역설적으로 그곳에서 '승리'를 생각한다. '링' 안의 가혹함을 즐길 수 있다면, 그래서 더 치열하게 살 수 있다면 그것은 이미 이기는 삶이라고 말이다. 이런 역설적 사고야말로 쓴맛도 달게 즐기게 하는 시의 매력이라 하겠다.

짭조름한 울음과 웃음

짠맛은 소금에서 느껴지는 맛으로, 모든 요리 조미의 기본이 된다. 맛있다 맛없다 평가에 있어서 가장 중요한 기준이기도 하다. 그러나 과다한 짠맛은 신체대사를 엉망으로 만들어 치명적인 결과를 초래할 수도 있다. 시에 있어서 짠맛의 역할, 즉 시의 간을 맞추는 것은 감정이다. 시에서 감정은 가장 밑바탕이 되는 요소 중 하나이고, 또 과용되었을 때에는 시를 종종 망치기도 한다. 감정을 절제하여 은근히 우러나도록 만드는 것이 시의 맛을 조절하는 방식인 것이다.

이 세상에 존재는 숨기고 소리로만 자신을 드러내는 것들이 있다. 어쩌면 이런 자세야말로 진정한 예술가의 것이 아닐까, 봄의 뻐꾹새가 그러하고 여름의 매미 또한 그렇다. (…중략…)

그렇게 이 세상 모든 울음은 다 어딘가에 기대어 우는 법이다. 하여 소리만 쫓지 말고 그것이 기대어 우는 곳으로 눈길 돌려야하리. 그 생명의 본 바탕을 울리는 슬픔을 눈여겨 보아야하리. (…중략…)

이 시 또한 과잉된 언어의 치장을 아예 비워버리고 깡마른 행의 전개로 의미를 제시한 바, 시 행 하나하나는 차라리 하나의 이미지일 뿐이다. 세상이 소란스러운 소리로 가득 찬 때 문득, 간결한 이미지로 시를 새긴 박용래의 시가 더 그립다.

박용래의 시인의 「참매미」는 가공되지 않은 매미 울음을 "原木 켜는 소리"로 비유하면서 자칫 감상적으로 빠질 수 있는 소재를 한 차원 깊은 주제로 살려낸다. 저자가 "생명의 본 바탕을 울리는 슬픔"이라는 표현을 쓴 것처럼, 매미 울음은 절제된 시를 만나 독자들로 하여금 가장 원초적인 울음을 떠올리게 하는 매개체 역할을 할 수 있게 된 것이다. 또한 '울음' 그 자체에 집중하지 않고 "그것이 기대어 우는 곳으로 눈길"을 돌리게 하는 시행의 배열 또한 박용래 시인 특유의 감정 절제법이라고 하겠다. "오동나무 잎새", "골마루 끝", "누님의 반짇고리 골무"를 매미 울음과 연결시킴으로써, 오히려 시의 감정이 미치는 범위는 범자연적인 것으로까지 확장되고 있는 것이다. 이것 또한 감정 절제의 커다란 효과라 할 수 있다. 거기에 "과잉된 언어의 치장을 아예 비워버리고 깡마른 행의 전개로 의미를 제시"하는 시행 배열까지도 박용래 시인의 시를 그야말로 간이 딱 맞는 시로 만들어주고 있다고 하겠다.

시큼하게 발효된 시간

신맛은 수소이온에 의해 생기는데 맛을 좀 더 조화롭고 신선하게 만드는 역할을 한다. 또한 식욕을 돋워주고 갈증을 해소시켜주는 데에도 도움을 준다. 시간과 경험과 안목 등이 어우러져 잘 숙성된 시 또한 우리의 삶에서 이와 같은 기능을 충분히 수행해낼 수 있다. 그런데 시간만 흐른다고 모두가 연륜을 갖게 되는 것이 아니다. 발효의 과정이 잘못된 방향으로 진행되면 부패로 끝날 수도 있기 때문이다. 따라서 최상으로 발효된 시를 찾아내고, 그 깊은 맛을 끌어내는 것이 시 전달자의 안목이라 할 수 있다.

> 이 세상 천지에 엄마만큼 큰 세계가 있을까. 보자기만큼 엄마로 가득 찬 공간이 또 있을까. (…중략…)
>
> 그러니 보자기는 시간 넘어 공간을 초월해 있다. 보자기는 인류 역사를 감싸온 포근한 품이라 할 만하다. 보자기, 보자기, 보자기. 그러니까 보자기는 엄마다. 보자기는 엄마의 요술방망이. 보자기 속에는 엄마의 모든 게 들어 있다.

이수익 시인의 「엄마가 들어 있다」는 숙성된 인생의 깊은 맛을 느끼게 하는 시이다. '보자기'라는 얇은 사물 하나가 수천수만 장의 어린 시절을 일깨운다. 저자의 말처럼 "시간을 넘어 공간을 초월해" 수많은 기억속의 엄마들이, 또 보자기들이 "보자기 속엔/엄마가 들어 있다"라는 한 문장으로 응축된다. 신 음식을 먹으면 자연스럽게 입 안에 침이 고이듯, 그의 시를 읽으면 마음에 그리움이 배어난다. 그것을 찾아내 이야기로 펼쳐놓는 저자의 안목에서도 깊은 생의 연륜이 느껴진다.

3

앞에서 시가 지니고 있는 몇 가지 맛에 대하여 간단하게 이야기를 하였지만, 사실 이것들 말고도 시에는 더욱 다양한 맛들이 숨어 있다. 그 중에서도 빼놓을 수 없는 것이 역설의 맛이다. 역설은 쓴맛 속에서 단맛을, 단맛 속에서 짜고 신 맛을 느끼게 하는, 다시 말해 누구도 쉽게 맛볼 수 없는 새로운 맛을 만들어내는 시적 장치이다. 어디에서도 맛볼 수 없는 맛을 우리는 시를 통해 얻게 되는 것이다. 또한 한 편의 시에는 여러 가지의 맛들이 조화를 이루며 그것을 읽는 사람들로 하여금 결핍된 정신의 영양소를 보충해준다. 이것이 정신적 영양의 불균형 때문에 병들어가는 현대인들에게 시가 절실하게 필요한 이유이다.

하지만 그 맛을 느끼지 못한다면 쉽게 생활 속에서 섭취할 수는 없을 것이다. 그렇기에 시에서도 그 영양학적 가치를 밝혀내고, 숨어 있는 맛을 되살려내고, 쉽게 접근할 수 있는 요리법을 개발하는 사람이 요구된다. 그리고 누구보다 그 일에 적합한 사람은 시라는 음식을 직접 만들어내는 시인들일 것이다. 시의 재료인 삶에서부터 그 안에 가미되어 있는 감정이라는 조미료, 그것들이 어우러져 만드는 감동이라는 맛까지 가장 가까이에서 경험하는 사람이 바로 시인이기 때문이다. 김완하 시인의 이 책을 통해서 점점 더 많은 시가 독자들에게 맛있게 전달되길, 또한 그로 인해 우리 사회가 정신적인 건강을 찾아가길 바란다.